Friedrich III

Kronprinz Preußens in bewegten Zeiten und tragisches Ende eines Kaisers nach nur 99 Tagen

von
Karl-Wilhelm Rosberg

Bibliografische Information der Deutschen Nationalbibliothek: Die Deutsche Nationalbibliothek verzeichnet diese Publikation in der Deutschen Nationalbibliografie; detaillierte bibliografische Daten sind im Internet über dnb.d-nb.de abrufbar.

TWENTYSIX – Der Self-Publishing Verlag

Eine Kooperation zwischen der Verlagsgruppe Random House und BoD-Book on Demand

Umschlagbild: SZ / Foto

Herstellung und Verlag:
BoD – Books on Demand Norderstedt
ISBN: 9 783740 750176

Inhaltsverzeichnis

Gewidmet Dr. Fritz Blume

Ehrenpräses
der
Getreuen zu Jever

Vorwort

Das Leben Kaiser Friedrichs III von Preußen endete tragisch. Nachdem er mit 57 Jahren, davon 30 Jahre als Kronprinz, seinem verstorbenen Vater Wilhelm I. als Deutscher Kaiser und König von Preußen nachfolgte, war er bereits durch eine unheilbare Krankheit vom Tode gezeichnet. Er erlebte seine Zeit als Kaiser nur 99 Tage, in denen er durchgehend behandelt wurde. Auf ihm ruhten die Hoffnungen monarchischer, liberaler und englandfreundlicher Kreise. Von ihm versprachen sie sich eine Öffnung der Politik in eine modernere Zukunft, ohne die Grundlagen der preußischen Monarchie aufzugeben. Kaum ein historisches Ereignis eines so frühen Todes hat in der Beurteilung der Tragweite so viele Spekulationen ausgelöst. Dabei ging es um die Fragen: Was wäre gewesen, wenn dieser Kaiser länger gelebt hätte? Die Spekulationen gipfeln in der Fragestellung: Wäre der Erste Weltkrieg mit ihm womöglich vermieden worden? Aber Geschichte ist im Rückblick unveränderbar, wenn auch Gedankenspiele sicher interessant sind. Der Historiker wird sich daher eher den Fragen stellen: Was hat er in seiner Zeit als Kronprinz bewirkt? Wie war der Mensch Friedrich Wilhelm Nikolaus Karl von Preußen, wie er mit vollem Namen hieß. Was hat ihn geprägt? Die Tagebücher, die Friedrich bis zu seinem Tod geführt hat, geben darauf Antworten und beenden nach sorgfältiger Analyse auch jede Legendenbildung.

Zum Thema gibt es eine Reihe von historischen Analysen, die an dieser Stelle beispielhaft zu nennen sind: Peter Mast: Die Hohenzollern; Hans-Joachim Neumann: Friedrich III Der 99-Tage Kaiser; Frank Lorenz Müller: Der 99-Tage-Kaiser

Friedrich III von Preußen – Prinz, Monarch, Mythos; als besondere Quelle: Otto von Bismarck: Gedanken und Erinnerungen; Die Tagebücher Friedrichs III.; aber auch Portale, wie: Preussenchronik.de; Preussen.de; Wikipedia.org; Mit dieser zeitgeschichtlichen Darstellung soll keine weitere historische Analyse vorgelegt werden, sondern der Versuch unternommen werden, historisch korrekt in den Fakten, Geschichte interessant, auch unterhaltend zugänglich zu machen. Wer es in der Darstellung lieber streng wissenschaftlich mag, dem seien die genannten Werke empfohlen. Der Verfasser ist Mitglied des Vereins „Die Getreuen zu Jever", der es sich seit über 150 Jahren als historischer Stammtisch zum Ziel setzt, das Andenken Bismarcks und Preußens zu bewahren. Dieses Buch wurde auch als Beitrag zum Geschichtsverständnis in diesem einmaligen Kreis geschrieben und diskutiert. Es ist dem langjährigen Präses des Vereins Dr. Fritz Blume gewidmet, der 2018 sein 90. Lebensjahr vollendet hat, wozu ihm seine Getreuen zu Jever ganz besonders herzlich gratuliert haben.

Personen

Friedrich Wilhelm Nikolaus Karl von Preußen, Seit 1888 Kaiser Friedrich III. (1831 – 1888).

Victoria Adelaide Marie Luise of Great Britain and Ireland, (1840 – 1901) Ehefrau Friedrichs III. und älteste Tochter der Königin **Viktoria von England und Prinz Albert**

Wilhelm II. (1859 – 1941), ältester Sohn und ab 1888 Nachfolger als Deutscher Kaiser und König von Preußen bis 1918.

Wilhelm I. , Prinzregent ab 1858, König von Preußen ab 1861 und Deutscher Kaiser ab 1871. (1797 – 1888) Vater von Friedrich III.

Marie Luise Augusta Catharine von Sachsen- Weimar-Eisenach. (1811 – 1890) Mutter von Friedrich III.

Friedrich Wilhelm III.
(1770 – 1840) König von Preußen, verheiratet mit Luise von Mecklenburg-Strelitz Großvater von Friedrich III.

Friedrich Wilhelm IV.
(1795 – 1861) König von Preußen, Onkel von Friedrich III.,verheiratet mit Elisabeth von Bayern, kinderlos. Seit 1858 schwer erkrankt.

Otto von Bismarck Schönhausen (1815 – 1898) Preußischer Ministerpräsident, Deutscher Reichskanzler und ab 1870 Fürst von Bismarck, ab 1890 auch Herzog zu Lauenburg

Helmut Karl Bernhard Graf von Moltke (1800 – 1891), Adjutant des Kronprinzen Friedrich Wilhelm, Generalfeldmarschall und Chef des Preußischen Generalstabs

Dr. August Wegner, Generalarzt und Leibarzt des Kronprinzenpaars

Professor Dr. Carl Gerhardt, Berliner Kehlkopfspezialist

Dr. Ernst von Bergmann, Berliner Chirurg

Sir Morell Mackenzie, englischer Laryngologe und verantwortlicher behandelnder Arzt des Kronprinzen bei seiner Kehlkopferkrankung

Professor Rudolf Virchow, Preußischer Politiker und Spezialist für Pathologie an der Berliner Charité

Zeitgeschichtlicher Hintergrund

Die Zeit, in die der Kronprinz Friedrich Wilhelm hineingeboren wird – wir sprechen vom Jahr 1831 – kann als friedliche Zeit angesehen werden, nahezu beschaulich. Die schweren Verwerfungen und Kriege, die Napoleon bis zu seiner Niederlage 1813 und endgültig 1815 angerichtet hat, sind seit dem Wiener Kongress 1814 - 1815 überwunden. Preußen lebt mit 34 anderen Ländern und 4 Freien Städten im Deutschen Bund zusammen. Zu den Ländern gehören Fürstentümer und Königreiche, wie Preußen, Bayern und Württemberg, auch das Kaiserreich Österreich. Im gesamten Gebiet des Deutschen Bundes leben etwa 35 Millionen Menschen, in Preußen etwas über 10 Millionen.

Die Ruhe ist trügerisch. Der Deutsche Bund, ein Staatenbund, genauer ein Fürstenbund hat die Zeit vor Napoleon nach althergebrachter Ordnung restauriert, ist weder demokratisch noch liberal, sondern autokratisch und vom Adel bestimmt. Friedrich Wilhelm III., König von Preußen, hatte sich, um Napoleon zu bezwingen, höchst emotional an sein Volk gewendet, Bürgerrechte und eine Verfassung versprochen und nichts davon eingelöst. Statt dessen herrscht der Geist eines Polizeistaates, sind Meinungen und Pressefreiheit nicht erwünscht.

Preußen ist überwiegend landwirtschaftlich strukturiert, gemütlich und idyllisch in den Weiten des Landes, vor allem östlich der Elbe, aber auch rückständig und geprägt von der großen Kluft zwischen außerordentlich reichem Adel und der großen Mehrheit armseliger Menschen, die mühsam ihr Brot verdienen, ansonsten kaum Rechte haben. Erzwungene Ruhe heißt aber nicht Zufriedenheit. Intellektuelle, Studenten und die Menschen in den Städten sind unzufrieden. Der Funke der Französischen Revolution von 1789 hat sich überall in Europa, auch in Preußen, ausgebreitet. Regenten und Adel fürchten um ihre Privilegien und halten nach den Karlsbader Beschlüssen von 1819 den Druck auf die Bevölkerung aufrecht. Es herrscht Pressezensur, Universitäten werden überwacht, liberale Professoren erhalten Berufsverbot. Burschenschaften werden verboten. Mit Leistung, Bildung und Fleiß kann man in Preußen kaum etwas erreichen, es zählen nur Stand und Geburtsrechte.

Es entsteht vor allem in den Städten und wegen der beginnenden Industrialisierung eine Bürgergesellschaft aus Ärzten, Anwälten, Beamten, Unternehmern, Lehrern und Journalisten, die aber politisch machtlos ist und sich in ihrer bürgerlichen Welt nach außen unpolitisch einrichtet. Man feiert in den nach dem Biedermeierstil eingerichteten Häusern und Wohnungen Weihnachten, pflegt das Zusammenleben, verhält sich unauffällig und geht seinem überwiegend protestantischen Glauben nach. Wer kann, versucht eine bescheidene Karriere im Militär zu machen. Ein Reserve - Leutnant der preußischen Armee hat ein höheres Ansehen, als ein Professor und die Einberufung zum jährlichen Königs- später Kaisermanöver gilt als Ausweis gehobener Bedeutung.

Der Großvater: Friedrich Wilhelm III.

Friedrich Wilhelm III., König von Preußen in fünfter Generation – vorher gab es Kurfürsten - und ein Hohenzoller vom Scheitel bis zur Sohle vom Gottesgnadentum überzeugt, hat schwere Zeiten durchlebt. Unter Napoleon musste er große

Teile seines Staatsgebietes abgeben, wurde ignoriert und gedemütigt und zur Gefolgschaft mit Frankreich gezwungen. Von seiner Armee und von den Offizieren wurde er wegen seiner Nachgiebigkeit gegenüber Napoleon als Feigling verachtet. Immerhin hat er es nach Flucht und Emigration geschafft, Preußen zunächst in einem Reststaat zu erhalten und auf dem Wiener Kongress 1815 zu alter Größe und Stärke zurückzuführen. Das beste, was man von ihm sagt ist, dass er ein anständiger Mensch und vorbildlicher Familienvater ist, der nach seiner 1810 früh verstorbenen und auch vom Volk geliebten Königin Luise, seit 1824 in zweiter Ehe mit Auguste Fürstin von Liegnitz verheiratet ist. Aus seinen Ehen hat er 10 Kinder, von denen 3 starben. Der älteste Sohn, Friedrich Wilhelm, wird 1840 sein Nachfolger werden. Der nur 2 Jahre jüngere Wilhelm wird seinem Bruder später auf dem Thron folgen.

Große politische Ziele hat der König nach dem Wiener Kongress nicht mehr, Kriege sind tabu und im Inneren ist Ruhe die erste Bürgerpflicht So widmet er sich vor allem seiner Familie, dem Studium der Reformation Martin Luthers und greift regulierend in die evangelische Kirche ein, deren Oberhaupt er in Preußen ist. Im Rheinland, vor allem in Köln, befinden sich die katholischen Christen in der Mehrheit und es wird die Frage strittig, in welcher Konfession die Kinder aus sogenannten Mischehen erzogen werden sollen. Als das Bistum ihm in dieser Frage nicht folgen will – er lehnt eine obligatorische katholische Erziehung der Kinder ab - lässt er kurzerhand 1837 die Stadt Köln durch ein Regiment besetzen, den Erzbischof, Clemens August Droste zu Vischering, verhaften, enthebt ihn seines Amtes und lässt ihn in Minden in eine Festungshaft verbringen.

Von preußischem Glaubenszwang will er ungeachtet dessen nichts wissen. Er hält sich im Gegenteil in Glaubensfragen für tolerant. Dass religiöse Auswanderer das Land verlassen, kann er nicht verstehen. Liberale Geister hält er für Demagogen. Seine religiösen Überzeugungen gehen soweit, dass er in das Zeremoniell des Zapfenstreichs den Teil „Helm ab zum Gebet“ mit der Hymne, „Ich bete an die Macht der Liebe“, einfügen lässt, eine Tradition, die heute noch Gültigkeit in der Bundeswehr hat.

Die Eltern: Wilhelm und Augusta von Sachsen – Weimar – Eisenach

Vom königlichen Elternhaus Friedrich Wilhelms III. ist auch der Vater, Wilhelm, geprägt. Die preußische Armee hat für ihn konstitutionelle Bedeutung, das Gottesgnadentum ist göttliches Gesetz. So ist er erzogen und da der zwei Jahre ältere Bruder, Friedrich Wilhelm, einmal Thronnachfolger sein wird, macht Wilhelm eine Karriere in der Armee. 1897 geboren, nimmt er an den Befreiungskriegen gegen Napoleon teil, wird als 17-jähriger schon Major.

Seine erste und einzige große Liebe, Elisa von Radziwill, darf er nicht heiraten. Die Heirat wäre nicht standesgemäß gewesen, so dass der Vater die Eheschließung verbietet. In großer Demut heiratet er die ihm auserwählte Augusta, Tochter des Großherzogs von Sachsen – Weimar – Eisenach, eine Frau, die noch Goethe und Schiller persönlich kennen gelernt hat und – wie man sagt – von außerordentlicher Bildung und musisch begabt ist. Die Urgroßmutter war übrigens die Zarin von

Russland, Katharina die Große, ein ausgesprochen erlesener Stammbaum, standesgemäß eben.

Wilhelm ist von allem das Gegenteil seiner Frau. Bücher liest er kaum, es sei denn das preußische Exerzierreglement. Musik ist ihm fremd, in Konzerten und Theatern schläft er regelmäßig tief und fest. Nur Recht und Ordnung zählen. Das Militär steht bei ihm an erster Stelle. Niemals wird er den Thron übernehmen, glaubt er fest, eher schon sein ältester Sohn, Friedrich Wilhelm. Die Ehe brachte vier Kinder hervor, wovon zwei starben. Die Tochter Luise heiratet später Großherzog Friedrich I. von Baden, auch standesgemäß.

Der Onkel: Friedrich Wilhelm IV.

Der zwei Jahre ältere Bruder des Vaters, auch ein Friedrich Wilhelm, ist seinem Bruder Wilhelm gar nicht ähnlich. In jungen Jahren dichtete er romantische Märchen, zeichnet und skizziert sein Leben lang, liebt die Kunst und die Musik. Zusammen mit seinem Vater und dem russischen Zaren Alexander I. nahm er hoch zu Ross 1814 – er war damals 19 Jahre alt - am Einmarsch in Paris nach Napoleons Sturz teil. Die Monarchen setzten den gestürzten französischen Bourbonen Kaiser wieder ein, ein Erlebnis, dass ihn dauerhaft begleitet. Schon als Kronprinz verinnerlicht er das Gottesgnadentum, er kommt nie mehr davon los.

Seine erste Liebe, die Tochter des bayerischen Königs Maximilian I., Elisabeth Ludovika, durfte er zunächst nicht heiraten, weil die Prinzessin katholisch war. Erst durch einen Kunstgriff – die Herrscher vereinbarten, dass die Tochter später durchaus dem protestantischen Glauben beitreten könnte, nicht aber wegen der Heirat – wurde die Eheschließung möglich. Die Ehe bleibt kinderlos.

Den romantischen Gefühlen Friedrich Wilhelms verdankt die Nachwelt ein Reihe von kostspieligen Investitionen. So lässt er Schloss Stolzenfels bei Bonn für seine Zwecke als Sommersitz herrichten. Die ursprüngliche und schwer zerstörte Hohenzollern Burg bei Hechingen lässt er im neugotischen Stil neu errichten und die Stadt Köln verdankt ihm den Fertigbau des Kölner Doms nach über 600 Jahren Bauzeit.

Literarisch schätzt er die Romantiker, allen voran die Werke des Friedrich von Hardenberg, der sich Novalis nannte und Ludwig Tieck holt er als Hofrat in seine ständige Umgebung. Unter den Hohenzollern ist er äußerst standesbewusst und lehnt politische Mitsprache durch ein Parlament strikt ab. Die vom Paulskirchenparlament ihm angeboten Kaiserkrone lehnt er hochmütig ab. Wenn überhaupt, können nur Fürsten ihm dieses Angebot machen. Sein politisches Verhalten wird verständlich, wenn man seinen Charakter und seine Überzeugungen berücksichtigt.

Kindheit und Jugend des Kronprinzen

An dieser Stelle in Einschub: Die männlichen Hohenzollern Preußens heißen entweder Friedrich oder Wilhelm oder Friedrich Wilhelm. Es ist daher notwendig, die im weiteren vorkommenden Personen mit ihrem Rang zu verbinden, um Missverständnissen zu begegnen. Daher werden die drei Hauptpersonen wie folgt bezeichnet: Friedrich Wilhelm III., der Großvater und 1831 noch amtierende König, wird weiterhin so bezeichnet. Der Thronnachfolger Friedrich

Wilhelm der IV., der Onkel, soll nach der Thronbesteigung 1840 König Friedrich Wilhelm genannt werden. Dessen Bruder Prinz Wilhelm von Preußen, der Vater und spätere Nachfolger seines Bruders als König von Preußen und erster Deutscher Kaiser, heißt kurz Wilhelm und die Hauptperson, der Sohn Wilhelms, soll ebenfalls Friedrich Wilhelm heißen, später als Kaiser wird er sich Friedrich III. nennen.

Friedrich Wilhelm, wie man ihn kurz nennt – sein voller Name ist Friedrich Wilhelm Nikolaus Karl von Preußen - wird am 18.Oktober 1831 als Sohn des Prinzen Wilhelm von Preußen und dessen Ehefrau Marie Luise Auguste von Sachsen-Weimar- Eisenach in Potsdam geboren. Der Großvater, Friedrich Wilhelm III., ist noch König von Preußen – ein strenger, aber liebevoller Großvater. - Der Bruder seines Vaters, Friedrich Wilhelms Onkel, hält engen Kontakt zu seinem Neffen und wird sein Förderer. Der Vater ist ranghoher General in der preußischen Armee, denkt nicht im Traum daran, einmal die Thronfolge nach seinem Bruder antreten zu müssen. Da aber die Ehe des Thronfolgers Friedrich Wilhelm IV. kinderlos bleibt, kommt eine Thronfolge vielleicht doch auf den Vater Wilhelm zu, ganz sicher aber auf Friedrich Wilhelm, als dessen ältesten Sohn zu. Die Geduld des Lesers wird durch die Namensgebungen der Hohenzollern arg strapaziert, alles wäre einfacher, wenn sie unterschiedliche Namen hätten.

Der junge Prinz, Friedrich Wilhelm, soll ab jetzt die Hauptperson sein. Er hat noch eine Schwester, Luise. Als künftiger Thronfolger wird er in jeder Hinsicht auf seine kommende Berufung vorbereitet. Das bedeutet im preußischen Haus der Hohenzollern, eine umfassende Erziehung und Bildung und ein Leben mit Erziehern und Hauslehrern. Hinzu kommt natürlich alles, was ein Thronfolger beherrschen muss: Reiten, Fechten, Tanzen, Sport und eine gediegene militärische Ausbildung. Mit 18 Jahren muss die Ausbildung einschließlich des Studiums der Staatsrechte und der Politik im wesentlichen abgeschlossen sein, da bereits höchste Staatsämter und Aufgaben auf den jungen Thronfolger warten und er auch zunehmend vom Onkel und König von Preußen mit Staatsaufgaben betraut werden wird. Dazu gehören: vertretungsweise Teilnahmen an wichtigen Ereignissen an den europäischen Höfen, Höflichkeitsbesuche in wichtigen dynastischen Häusern und die Begleitung seines Onkels und seines Vaters bei Veranstaltungen besonderer Art. Als Offizier der preußischen Armee wird er, seinem Rang entsprechend, rasch in höchste Generalränge aufsteigen.

Mit 9 Jahren – 1840 - erlebt er den Tod seines Großvaters, Friedrich Wilhelms III., und die Krönung seines Onkels Friedrich Wilhelm IV., wie er sich als König von Preußen fortan nennt. Zu diesem noch frühen Zeitpunkt kümmert sich der junge Prinz noch nicht um die Politik. Er ist mit seinen täglichen Pflichten gut ausgelastet und das Familienleben prägt ihn in zweierlei Hinsicht. Die Mutter - eine resolute, sehr gebildete Frau - achtet sorgfältig auf die Allgemeinbildung ihres Sohnes und verpflichtet nur die besten Hauslehrer, so unter anderem den Altertumsforscher und Professor an der Berliner Universität, Ernst Curtius. Friedrich Wilhelm ist kein schwieriger Junge: weich, anschmiegsam und seinen Pflichten hingegeben. Er kann aber durchaus auch aufwallend sein, wenn ihn etwas sehr stark berührt.

Seinem Vater wiederum ist es wichtig, dass Friedrich Wilhelm eine besonders gute militärische Ausbildung erhält. Dazu wird

Karl Georg Friedrich Johann von Unruh, im Rang eines Militärgouverneurs, zur Begleitung des jungen Prinzen abgestellt, später auch andere herausragende Offiziere, wie zum Beispiel Moltke. Zur Ausbildung gehören: Truppenbesuche, Teilnahmen an Manövern und das Erlernen des militärischen Handwerkszeugs. Das Wissen um Taktiken und Strategien eines künftigen ranghohen Kommandeurs und später auch des Befehlshabers wird an verschiedenen militärischen Ausbildungseinrichtungen erworben.

Im Elternhaus geht es, dem Selbstverständnis des Hochadels entsprechend, eher förmlich und sachlich zu. Haltung eines jeden Familienmitglieds ist oberstes Gebot und das gilt ganz besonders für den jungen, schlanken, sehr gut aussehenden Prinzen. Friedrich Wilhelm lernt früh, in jeder Lage die Contenance zu wahren. Man zeigt keine Gefühle - jedenfalls nicht öffentlich - und tritt seinem hohen Rang entsprechend auf. Auch der Umgang ist streng begrenzt auf standesgemäße Mitglieder der Aristokratie. Ein freundschaftliches Verhältnis verbindet ihn mit seinem Vetter Friedrich Karl - später auch ranghoher Offizier und Befehlshaber - der in der Nähe von Babelsberg im Schloss Glienicke lebt und mit dem er vor allem unbeschwerte Sommerferien verbringt.

Von 1849 an – mit 18 Jahren - besucht er die Königliche Rheinuniversität in Bonn, der schönen Stadt am Rhein, die seit dem Wiener Kongress zu Preußen gehört. Er studiert Rechts- und Staatswissenschaften, wird von den Professoren unmittelbar betreut, erhält Repetitorien und schließt dann sein Studium ab. In Bonn wird er auch den liberalen Professor Ernst Moritz Arndt kennenlernen, den man trotz seiner kolportierten „demagogischen Umtriebe“ und zeitweiser Verbannung dennoch auf ihn los lassen wird. Der junge Prinz soll sich selber einen Eindruck verschaffen. Der ist allerdings nachhaltig, denn fortan gilt der Prinz - sicher auch durch den Einfluss seiner Lehrer - als liberal in seinen Ansichten. Das ist in einem reaktionären Polizeistaat, der Preußen – angelehnt an die Staatsraison des österreichischen Staatskanzlers Metternich – zu dieser Zeit eher ein Vorwurf.

Unruhige Zeiten in Berlin

Preußen hat die schweren Jahre unter der Diktatur Napoleons, mit der Besetzung Berlins, königlichem Exil in Tilsit und gewaltigen Gebietsverlusten, nur schwer ertragen. Immerhin ist der Staat erhalten geblieben. Der König, Friedrich Wilhelm III., hat trotz seiner ihm nachgesagten Regierungsschwäche, oder vielleicht sogar gerade deshalb, einen Teilstaat Preußen erhalten können. Auf dem Wiener Kongress von 1814 – 1815 wurde Preußen wieder vollständig restituiert, hatte sogar im Westen Deutschlands noch Gebiete hinzu gewonnen und die Kriegsschäden sind zur Zeit Friedrich Wilhelms mehr oder weniger beseitigt. Preußen ist wieder eine anerkannte und starke Militärmacht in Europa. In einem Punkt aber hat der König von Preußen, Friedrich Wilhelm III., eine schwere, selbst verschuldete Hypothek eingerichtet. Vor den Befreiungskriegen gegen Napoleon 1813 hatte er sich an das Volk gewandt, patriotische Kräfte gegen Napoleon eingefordert und versprochen, Preußen nach einem Sieg, eine Verfassung zu geben. An dieses Versprechen will sich der König in der langen Regierungszeit von 25 Jahren seit dem Wiener Kongress aber nicht mehr erinnern. Im Volk – insbesondere bei den Studenten und Intellektuellen – ist dieses Versprechen aber keineswegs vergessen und wird in Protesten und Bewegungen immer wieder eingefordert. Die Verweigerung von Bürgerrechten und das Ablehnen einer Verfassung wird als Wortbruch empfunden. Der Staat reagiert auf diesbezügliche Kritik mit zunehmender Repression. Man folgt der Metternichschen Restaurationspolitik. Nach der Ermordung des Dichters Kotzebue durch den Studenten Sand, vereinbart man auf der Karlsbader Konferenz 1819, gegen demagogische und revolutionäre Kräfte vorzugehen. Die Pressefreiheit wird abgeschafft, all zu Aufsässige werden eingekerkert. Preußen wird ein Polizeistaat. Diese, auch später von seinem Vater für notwendig erachtete reaktionäre Politik, wird Friedrich Wilhelm als Kronprinz später sehr zu schaffen machen und sich zum größten Konflikt in seinem Leben ausweiten.

Noch als Sechzehnjähriger erlebt Friedrich Wilhelm in Berlin 1848 die Märzrevolution. In allen deutschen Ländern herrscht Aufruhr und auch im Ausland gärt die Volksseele. Die Auswirkungen der Französischen Revolution von 1789 und den Jahren danach, infizieren die Menschen. Durch die Industrialisierung verarmen insbesondere die einfachen Leute und die Arbeiterschaft. In großen Teilen des sogenannten vierten Standes herrschen bittere Armut und Elend. In Berlin werden Barrikaden errichtet, es gibt Proteste und es wird geschossen. Der Vater, Wilhelm, als zweiter Mann im Staat und hoher General, lässt auf die rebellierenden Bürger Berlins schießen und es gibt Tote und Verletzte.

Der Onkel - König Friedrich Wilhelm IV., ist entsetzt und muss sich zwischen den Ratschlägen seiner Kommandeure, die Härte fordern, und den Sprechern der Revolution entscheiden, die eine Verfassung fordern, ultimativ auch, sofort das Militär aus Berlin abzuziehen. Der König befiehlt schließlich den Abzug des Berliner Regiments, da er weitere Tote vermeiden will und die Militärs und der Adel verstehen die Welt nicht mehr, so auch ein schneidiger Junker, namens Otto von Bismarck. Man fürchtet, ohne den Schutz des Militärs, nur unter dem Schutz der aufgestellten Landwehr, um das Leben der königlichen Familie. Aber es soll den Ereignissen nicht vorgegriffen werden.

Prinz Friedrich lebt zu dieser Zeit mit seiner Familie im Kronprinzenpalais „Unter den Linden“, mitten in Berlin. Nichts, was an schrecklichen Ereignissen auf den Straßen Berlins stattfindet, kann ihm entgehen. Als das Volk, aufgebracht gegen die harten Maßnahmen des Militärs, die man dem Prinzen Wilhelm – seinem Vater - anlastet, dem Palais die Scheiben einwirft und es zu stürmen droht, muss die Familie rasch nach Potsdam ausweichen, wo alle wichtigen Hohenzollern Wohnungen im Neuen Palais haben und wo man in sicherer Entfernung erst einmal Schutz findet.

Das Neue Palais in Potsdam, eine weiträumige, gewaltige Schlossanlage, die seinerzeit Friedrich der Große von 1763 bis 1769 hat bauen lassen, um seinem Preußen durch den repräsentativen Bau einen Hauch von Weltgeltung zu verschaffen. Friedrich II., „Der Große“, wohnte dort nie, sondern in seinem viel kleineren Sanssouci und nannte das Bauwerk „Fanfaronnade“, was so viel, wie Prahlerei bedeuten sollte.

Was für eine Umgebung für den jungen Prinzen aber war diese größte Schlossanlage Preußens. Angrenzend an den Schlossgarten Sanssoucis an einer zwei Kilometer langen Allee gelegen, 220 Meter lang mit einer wuchtigen Fassade, die von über 400 Figuren geschmückt und übersät ist und einem eindrucksvollen Eingangsportal mit Kuppelbau ausgestattet. Im

Inneren ist das Schloss mit 400 Zimmern grandios gestaltet, mit allem, was die Innenarchitektur seinerzeit zu bieten hat, geschmückt und ausgestattet. Festsäle werden für Empfänge genutzt und es gibt ein eigenes Schlosstheater mit ansteigenden Sitzreihen. Kann ein junger Prinz in einer solchen Umgebung andere Empfindungen haben, als die, die man ihm überzeugend vorlebt: von Gottes Gnaden auserwählt zu sein? Und das im Kontrast zu den schlimmen Ereignissen in Berlin, deren Ausgang niemand voraussagen kann und die durchaus das Ende der Monarchie bedeuten konnten.

Was für ein Gegensatz in den Straßen Berlins, in dem der Aufruhr und die Rebellion sich austoben? In Berlin leben um die 400.000 Einwohner, die allermeisten davon – es sind wohl vier fünftel - bettelarm und ohne jede Perspektive, die Palais und Paläste der Aristokratie immer vor Augen. Die Löhne von Webern, Korbmachern und Handwerkern liegen unter dem Existenzminimum. In den Straßen tummeln sich zerlumpte Bettler und Kriegsinvaliden, für die niemand sorgt. Wenn die Menschen auch keinen Sinn mehr im Betteln sehen, dann greifen sie zum letzten Mittel, sie stehlen und plündern. Es hat sich herumgesprochen, dass auch in Paris im Februar 1848 die Menschen wieder auf die Straßen gegangen sind, König Louis Philipp gestürzt haben, massiv gegen die Zustände protestieren und eine demokratische Republik fordern.

Am Hof Friedrich Wilhelms IV. sieht man das alles mit großer Sorge, vielleicht mit einigem Entsetzen. Man kann sich aber nicht zu Maßnahmen durchringen, die ja auf der Hand liegen. Dem Massenelend muss begegnet werden, will man nicht auch einen Umsturz riskieren. Dabei kommen aus dem Westen und dem Süden Deutschlands, auch aus Wien, alarmierende

Nachrichten in Berlin an. Überall Rebellion gegen die herrschende Aristokratie, die ohne Beachtung der Armen einen obszönen Reichtum zur Schau stellt. Der Thron des bayerischen Königs, Ludwig, wankt. In Schlesien schlägt das Militär Aufstände der Weber nieder. Dabei geht es den Webern eigentlich gar nicht um einen Umsturz, sondern nur um ihr tägliches Brot und um humanere Arbeitsbedingungen.

In Berlin gibt es die Berliner Zeitungshalle, in der man alle Zeitungen – es sind schon über 600 in 14 Sprachen – lesen und diskutieren kann. Auch das Volk, vor allem die Intellektuellen und Freigeister, sind also informiert. Man organisiert Versammlungen im Tiergarten, die täglich mehr Zulauf erhalten, und formuliert Forderungen: eine Verfassung steht an erster Stelle, aber auch Presse- und Versammlungsfreiheit werden gefordert, ebenso eine Amnestie für alle politischen Gefangenen, Reduzierung des Heeres, Volksbewaffnung und ein Wahlrecht für alle. Das sind Kampfansagen an den Hof, wo man über diese Forderungen verständnislos berät. Nur langsam setzt sich die Einsicht durch, dass es für die Monarchie jetzt um alles geht.

Die Versammlungen erreichten bald an die 20.000 Menschen und als diese zurück in die Stadt drängen, hauen die Soldaten ohne erkennbaren Anlass auf die Menschen ein und töten einen jungen Mann. Das Volk erkennt, dass der König und die Herrn Generäle – dazu gehört auch der Vater, Prinz Wilhelm – die Gelegenheit wohl nutzen wollen, um dem Volk die Knute zu zeigen, um mit Gewalt wieder für Ruhe und Ordnung zu sorgen. Die Menschen haben Recht mit dieser Einschätzung, wie die Reaktionen des Hofs beweisen.

Märzrevolution 1848

König Friedrich Wilhelm IV. handelt nach seiner politischen Agenda, die er kurz vorher vor dem Vereinigten Landtag – den er jetzt auflöst - verkündet hat. Er sagte: „Man wäre ein zweifaches Rindvieh, erstens, eine Verfassung zu fordern, und zweitens, ein noch viel größeres, eine Verfassung zu geben." Hier stellt sich doch die Frage, was denn wohl sein Vater, der verstorbene Friedrich Wilhelm III. war, der diese Verfassung ja versprochen hat? Und dementsprechend wird jetzt gehandelt. Die Angst vor der Revolution und die Reaktionen lösen jetzt auch in Berlin die Revolution erst richtig aus. Der König befürchtet Konsequenzen auch in den rheinischen Gebieten und ernennt seinen Bruder Wilhelm in Furcht eines französischen Angriffs zum Generalgouverneur des Rheinlands und Westfalens und zum Heerführer eines erwarteten Feldzugs durch die Franzosen. Wilhelm kann aber wegen der Ereignisse in Berlin den Posten vorerst nicht antreten. Er ist auch Vorsitzender des Ministerrats und protokollarisch zweiter Mann im Staat. Er muss sich jetzt vorrangig um die Unruhen in Berlin kümmern.

Zahlreiche Reiterschwadronen besetzen das Brandenburger Tor, wo an die zehntausend Menschen sich versammelt haben und beabsichtigen, zum Schloss zu marschieren. Gardekavallerie treibt die Menge auseinander. Es gibt Verletzte durch die Klingen der Säbel, unvermeidbar, wie Prinz Wilhelm meint. Dennoch gelingt es nicht, die Menschen vom Schloss fernzuhalten. Aus der Menge werden Steine geworfen und Schmähungen gerufen. Die Gardesoldaten werden – wohl um zu deeskalieren - in den Schlosshof zurückgezogen, Reiterei stößt dann aber doch wieder vor und einige „Krawallmacher" werden festgenommen. Im Schloss spricht man von „Gesindel und Lumpenpack. Es müsse wohl Blut fließen.“ Welch eine Fehleinschätzung.

Friedrich Wilhelm verbringt diese gefährlichen Tage in Potsdam, während das Kronprinzenpalais in Berlin gestürmt und geplündert wird.. Er – wie die ganze Familie – haben strikte Anweisung vom Vater, nur ja nicht die Sicherheit des Neuen Palais zu verlassen. Wenn der Vater Zeit hat, nach Hause zu kommen, dann schildert er die Zustände in Berlin, lässt aber keinen Zweifel daran, dass er dem König geraten hat, ja nicht den Forderungen nachzugeben, sondern hart durchzugreifen. Er hat schon Kanonen im Schlosshof aufstellen lassen, für alle Fälle. Friedrich Wilhelm fragt seinen Vater nach den Ursachen für die Unruhen, erhält aber keine befriedigende Antwort. Rebellion passt nicht wirklich in Wilhelms Weltbild. „Die göttliche Ordnung in den Monarchien sei durch Freisinnige und Unruhestifter gestört. Jetzt käme es auf Bewährung und Wiederherstellung der Ordnung an. Dafür werde er sorgen.“

König Friedrich Wilhelm IV. wählt einen anderen Weg, wenn auch nicht aus Überzeugung. Um der Lage einigermaßen Herr zu werden, wird der Innenminister beauftragt, die Einberufung des Landtages zur Erarbeitung einer Verfassung und ein neues Pressegesetzes bekannt zu geben. Außerdem soll das Militär zurückgezogen werden. Prinz Wilhelm ist mit all dem nicht einverstanden. Er ist dagegen und setzt seinen Bruder mit Denkschriften unter Druck. Er erkennt immerhin auch, dass es jetzt um die Krone geht, um sein Erbe und das seines Sohnes Friedrich Wilhelm.

Die Menschen hören durch die Bekanntmachungen vom Entgegenkommen des Königs und eilen erfreut zum Schloss, diesmal sogar auf den Schlosshof. Sie kommen in friedlicher Absicht. Prinz Wilhelm gibt dagegen den Befehl, den Schlossplatz räumen zu lassen, „tüchtig und schonungslos“, so lautet die Parole. Eine Schwadron Dragoner reitet auf dem Schlossplatz ein und drischt mit den Säbeln auf die Menschen los. Eine Infanterieabteilung kommt aus dem Schloss und stellt sich in Linien schützend vor dem Portal auf. Es fallen Schüsse und es gibt Tote und Verletzte. Die Menschen geraten in Panik und verlassen den Schlossplatz panisch in Richtung Nebenstraßen. Der Bürgerkrieg geht in die nächste Stufe. Eine Chance ist durch das überzogene Vorgehen Wilhelms vertan.

In der ganzen Stadt werden jetzt Barrikaden aufgebaut, das einfache Volk hilft mit. Wagen werden angehalten und umgestürzt, Pflaster aufgerissen und Steine als Wurfgeschosse aufgeschichtet. Man bewaffnet sich mit Äxten, Mistgabeln und Messern. Feuer werden angezündet, die Kirchenglocken läuten Sturm. Das Militär greift mit Gewehren und Kanonen an. Es gibt weitere Tote und Verletzte auf allen Seiten.

Im Schloss herrscht Panik. Königin Elisabeth bittet ihren Gatten Friedrich Wilhelm auf den Knien, das Feuer einstellen zu lassen und gemeinsam zu fliehen. Kutschen stehen bereit, man steigt fünfmal ein und wieder aus. Am Ende sitzt der König wie betäubt im Lehnstuhl und klagt, Gott hätte ihn verlassen. So geht das die ganze Nacht. Zwanzigtausend Soldaten versuchen die Aufstände an über neunhundert Barrikaden niederzuschlagen. Am Morgen liegen Tote und Verwundete auf den Straßen Berlins. Der Oberkommandierende von Prittwitz meldet dem König, es sei mit der verfügbaren Anzahl von Soldaten nicht mehr zu schaffen, außerdem weigern sich viele Soldaten, auf ihre Eltern und Verwandten zu schießen.

Der König wendet sich in seiner Verzweiflung in einem Aufruf „An seine lieben Berliner". Sie sollen die Barrikaden abbauen. Im Gegenzug würde das Militär abgezogen werden. Das Volk bleibt skeptisch und zieht erneut vor das Schloss, diesmal ohne angegriffen zu werden. Man fordert die Freilassung von 600 Gefangenen. Der König gibt nach, unterzeichnet mehrere Erlasse und tritt auf den Balkon vor die Menge. Man begrüßt ihn mit einem donnernden „Lebehoch". Das ist Revolution auf preußische Art. Die militärischen Wachen stehen Gewehr bei Fuß. Als die Menge immer näher kommt, einzelne sogar in das Schloss wollen, fallen wieder Schüsse. Das Volk rennt wutentbrannt auseinander. Der Bürgerkrieg in den Straßen Berlins geht weiter, noch rücksichtsloser, noch härter. Das Militär setzt jetzt Kartätschen gegen die Barrikaden ein. Was soll das nützen? Die Zahl der Toten steigt dramatisch.

Im Schloss herrscht jetzt vollends Chaos. Wer hat das wieder zu verantworten? In einem ordentlichen preußischen Obrigkeitsstaat kann man mit solchen Ereignissen nicht umgehen. Rebellion ist nicht vorgesehen. Der König ist nahe daran, durchzudrehen, wird kolportiert. Der Bruder Wilhelm muss jetzt als Sündenbock herhalten, wird von weiteren Besprechungen ausgeschlossen und verlässt schleunigst auf halbwegs sicheren Wegen das Schloss, um sich nach Potsdam zu begeben, sein Kronprinzenpalais in Berlin ist besetzt. „Nun ist alles verloren", sind seine letzten Worte. Ist ihm klar, dass er ganz wesentlich dazu beigetragen hat? In Potsdam bereitet er in aller Eile seine Flucht nach England vor.

Der König lässt wieder einen Aufruf an „Seine lieben Berliner“ verfassen. Er fordert sie noch einmal auf, die Kämpfe einzustellen und die Barrikaden abzubauen. Das Militär werde die Stadt wirklich verlassen. Nur wenige Soldaten sollen zu seinem Schutz verbleiben, auch das Zeughaus muss natürlich bewacht werden. Dort liegen die Waffen. Es ist kaum noch zu glauben, aber dieser erneute Aufruf hilft. Auch dem Volk ist Rebellion im Grunde genommen verhasst. Es liebt doch auch die Ordnung. Abordnungen kommen in das Schloss direkt zum König. Dieser ordnet an, das Militär habe die Stadt zu verlassen. Sein Schutz werde durch eine Bürgerwehr gewährleistet. Das Militär verlässt tatsächlich Berlin, zum Teil mit klingendem Spiel, wird aber von der Bevölkerung verhöhnt und verlacht. Welch eine Schande. Ist das noch Preußen? Ein junger Adeliger, Otto von Bismarck aus Schönhausen, meldet sich im Schloss. Er bietet dem König seine Hilfe an, wird aber nicht vorgelassen. Wie soll ein Junker aus dem Landadel in dieser Lage überhaupt helfen können?

Das Martyrium geht für den König weiter. Die Toten des Kampfes werden auf Wagen aufgebahrt und auf den Schlosshof gebracht, mit Kränzen geschmückt. „Der König soll die Leichen sehen“, schallt es aus der Menge. Als Friedrich Wilhelm die aufgestellten Leichenwagen passiert, ruft man: „Mütze runter!“ Friedrich Wilhelm gehorcht. In den nächsten Tagen zeigt der König die Farben Schwarz Rot Gold am Ärmel und erklärt, er werde jetzt für die Freiheit Deutschlands mit Preußen an der Spitze eintreten. Ein Arbeiter ruft: „Glaubt ihm nicht, er lügt!“ Der König muss auch am Trauerzug auf dem Gendarmenmarkt mit 83 Särgen teilnehmen und Mitleid bekunden. Dann begibt sich der König zum Schloss, wo er noch einmal auf dem Balkon mit Schwarz Rot Goldener Fahne dem vorbei fahrenden Trauerzug die Ehre erweisen muss. Um die 20 gefallenen Soldaten kümmern sich dagegen nur ihre Kameraden. Bevölkerung und Militär sind tief gespalten.

Prinz Wilhelm befindet sich inzwischen auf dem Weg nach England, mit ihm zur Sicherheit auch die Kronjuwelen. Er wird in Zukunft „Kartätschenprinz" genannt werden. Seine Familie lässt er in Potsdam zurück. Er reist inkognito, eine freundlichere Bezeichnung für schlicht und mit einfachem Wagen. So kommt er schließlich mit einem englischen Schiff nach England, dort in die Preußische Gesandtschaft und auch an den Hof von England, wo er den Auftrag hat, die Ereignisse in Berlin zu erklären, ein diplomatisches Feigenblatt für seinen ungewöhnlichen Aufenthalt, von Flucht mag man nicht sprechen.

Für Friedrich Wilhelm, der mit seiner Mutter und seiner Schwester in Potsdam geblieben ist, bricht eine Welt zusammen. Wie konnte das alles geschehen? Die unüberbrückbare Distanz zwischen der Herrschaft des Adels und dem Elend der Massen wird ihm zum ersten Mal richtig bewusst. Der König ist jetzt in der Hand des Volkes, sein Vater verhasst und geflohen. Jetzt scheint alles aus zu sein. Ist das jetzt das Ende der Monarchie?

Erst Beschwichtigung, dann Gegenrevolution

König Friedrich Wilhelm IV. hat verstanden, dass es mit der Monarchie und der Herrschaft der Hohenzollern beinahe zu Ende gewesen wäre. Die Gefahr ist allerdings noch nicht vorbei. Es muss jetzt durch geschicktes Agieren der revolutionäre Geist wieder zurück in die Flasche geschickt werden. Sein Bruder Wilhelm, der in der gefährlichen Situation fast alles verdorben hätte, muss erst einmal in England bleiben, bis sich alles wieder beruhigt hat. Natürlich liebt der König seinen Bruder und er braucht ihn auch, denn von all dem Militärischen versteht er nichts; Wilhelm dagegen sehr viel. Man muss zunächst abwarten, wie sich die Dinge entwickeln, die Stimmungen in der Armee nutzen, die Prinz Wilhelm sehr verehren und vor allem, geschickt in der Verfassungsfrage vorgehen.

Kronprinz Friedrich Wilhelm ist von den Ereignissen der Revolution in Berlin tief erschüttert. Zu seiner Mutter sagt er: „Diese Geschichte ist mir fürchterlich und ich mag nie wieder den Schlosshof betreten.“ Das wird sich wieder ändern, denn in Abwesenheit seines Vaters, kümmert sich sein Onkel, der König, um ihn und seine Familie. Mit dem jungen Kronrinzen hat Friedrich Wilhelm IV. einiges vor. Es gilt nun auch, die Sympathien des Volkes zu dem jungen, späteren Thronfolger, im Sinne der Monarchie zu nutzen.

So erfährt Friedrich Wilhelm - er ist jetzt 17 Jahre alt - von den Plänen des Königs zur Verfassungsfrage und schließt sich aus Einsicht den Überzeugungen seines Onkels an. Ungeachtet der offiziellen Verlautbarungen, macht der im familiären Kreis sehr deutlich, dass er von einer Verfassung überhaupt nichts hält. Ein erster vereinigter Landtag wurde schon vor einem Jahr in Brandenburg von ihm aufgelöst, da er auf dem Standpunkt stand und steht, dass der König von Gottes Gnaden eingesetzt ist und dass zwischen ihm und dem Volk kein Blatt Papier Platz haben kann. Ein Land kann man doch nicht nach den Vorschriften einer Verfassung regieren. Dennoch muss jetzt geschickt vorgegangen werden, denn das Versprechen seines Vaters, Friedrich Wilhelms III., hat sich in die Volksseele eingegraben und kann nicht mehr ignoriert werden. Außerdem hat sich in Frankfurt eine Deutsche Nationalversammlung konstituiert, die ebenfalls an einer Verfassung für das Reich arbeitet. Der König lässt - auch auf Anraten seiner Minister - wieder den Vereinigten Preußischen Landtag in Berlin als Preußische Nationalversammlung einberufen. Diese soll - wie er es unter dem Druck der Ereignisse zugesagt hat - eine Verfassung ausarbeiten und das unter dem Motto: „Preußen geht fortan in Deutschland auf." Man muss Zeit gewinnen und zwischenzeitlich die Ordnung wieder herstellen. Der König baut darauf, dass die Grundstimmung im Volk so ist, dass es eigentlich keine Revolution mehr will. Diese Stimmung nutzt er.

So wird ohne große Ankündigungen das Militär wieder nach Berlin zurückgeholt und auf den Straßen bleibt es dennoch ruhig. Ein erster Schritt, um die alte Ordnung wieder herzustellen. Was wäre Preußen schließlich ohne das Militär? Das sehen sogar die einfachen Leute so. In den Kreisen des Offizierskorps werden die Stimmen immer lauter, die ihren Oberbefehlshaber, Prinz Wilhelm, wieder in ihren Reihen sehen wollen. Es werden emotionale Briefe geschrieben und

Ehrenerklärungen über Prinz Wilhelm veröffentlicht. Man macht dem Volk klar, dass es sich nur um ein Missverständnis handeln muss. Prinz Wilhelm habe nie angeordnet, mit Kanonen auf das Volk zu schießen. Man tue ihm schwer Unrecht.

Wilhelm beobachtet das alles von Ferne und schaut sich derweil intensiv in England und im Königshaus um. Dabei stellt er fest, dass es mit der konstitutionellen Monarchie in England vielleicht ganz gut geht, dass dies aber nichts für Preußen sein kann. Die vielen Kondolenzbriefe aus Berlin und vom Militär ließt er mit Freuden, so er lässt sich schließlich auch nicht lange bitten und kehrt nach Berlin zurück. Seine Freunde haben es erreicht, dass Prinz Wilhelm als Abgeordneter für den Wahlkreis Wirsitz der Provinz Posen bestimmt worden ist. Daher ist es sogar seine patriotische Pflicht, bei der Eröffnung der Preußischen Nationalversammlung in Berlin dabei zu sein. Dort lernt er einen besonders schneidigen Abgeordneten der Konservativen, Otto von Bismarck von Schönhausen in der Altmark, kennen, der – aus einer Gutsherrenfamilie stammend – streng konservativ und königstreu auftritt. Während der Revolution hat er sich dem König Friedrich Wilhelm IV. vergeblich als Helfer angeboten. Diese erste Begegnung mit Prinz Wilhelm wird Bismarcks politischer Karriere förderlich und später von historischer Bedeutung sein.

Wieder in alten Gleisen

Kronprinz Friedrich Wilhelm gewinnt wieder Vertrauen in die Zukunft. Die politischen Verhältnisse beginnen sich auf wundersame Weise zu normalisieren. Sein Vater ist aus England zurückgekehrt und hat seine Staatsämter und seine Befehlshaberfunktion in der Armee wieder übernommen und Friedrich Wilhelm kümmert sich wieder intensiv um seine Schulbildung und parallel dazu um die für einen preußischen Prinzen obligatorische militärische Ausbildung.

Über die politischen Verhältnisse in Preußen erfährt er alles aus den Gesprächen seiner Eltern. Der Vater hält bei der Konstituierung der Preußischen Nationalversammlung am 22. Mai 1849 eine Rede, geht danach aber nicht mehr in die Versammlung, in der die Konservativen und Liberalen über eine Mehrheit verfügen, sich aber über den von der Regierung vorgelegten Verfassungsentwurf – nach belgischem Vorbild konstitutiv und durchaus liberal – nicht einigen können. Streit scheint nach Auffassung Wilhelms ein Grundübel des Parlamentarismus zu sein, den er prinzipiell für überflüssig hält. Es hat sich außerhalb der Regierung, die nicht immer auf der Linie des Königs liegt, ein Schattenkabinett unter der Führung der Brüder Gerlach gebildet, das unabhängig von der Regierung den König berät. Dazu gehört auch der junge Heißsporn Bismarck, der für Preußen als Abgeordneter – manche sagen auch als Aufpasser – in die Nationalversammlung nach Frankfurt entsandt wird. Für eine ordentliche Presse im monarchischen Sinn sorgt die von Ernst Ludwig von Gerlach herausgegebene Kreuzzeitung. Alles scheint wieder in bester, gewohnter Ordnung.

So wird Kronprinz Friedrich Wilhelm in der Schlosskapelle zu Brandenburg im Beisein der gesamten Familie, der Geistlichkeit, der Politik und des Militärs eingesegnet. Kurz darauf, am 18. Oktober 1849 wird sein 18. Geburtstag mit großem Aufwand auf Schloss Babelsberg begangen. Alles, was Rang und Namen hat, ist eingeladen und der Kronprinz hält seine erste öffentliche Ansprache, sicher mit etwas Lampenfieber.

Von seinem Vater wird er dann in den aktiven Militärdienst in der Leibkompanie des ersten Garderegiments zu Fuß eingeführt und dem Offizierskorps vorgestellt. Sein Vater hält eine kurze Ansprache vor den Offizieren: „Und so übergebe ich Ihnen meinen Sohn in der Hoffnung, dass er gehorchen lernen wird, um einst befehlen zu können. Ich hoffe, er wird seinem Namen und seiner Armee Ehre machen. Dafür bürgt mir der Geist, den der Himmel in ihn gelegt hat – nicht wir.“

Universitätsstudium und Reisen

Die militärische Ausbildung wird aber schon bald auf Veranlassung der Mutter unterbrochen und Friedrich Wilhelm wird zu einem Universitätsstudium nach Bonn geschickt. Er wird der erste preußische Thronfolger mit einer akademischen Bildung sein. Die Studienfächer sind: Rechtswissenschaften, Geschichte, Politik und englische Verfassung. Hinzu kommen die Sprachen Englisch und Französisch sowie Literaturgeschichte.

Friedrich Wilhelm ist ein ernsthafter und fleißiger Student, der die ihm zur Verfügung stehende Zeit von zwei Jahren gut nutzt – sie aber gelegentlich durch Reisen unterbricht - und seinen ohnehin hohen Bildungsstand weiter verbessert..

In der Koblenzer Zeit umgibt sich Friedrich Wilhelm vor allem mit Kommilitonen des Hochadels, mit denen er auch die Hörsäle besucht. Das Haus seines ihn begleitenden Militärgouverneurs Fischer wird zum Zentrum seines gesellschaftlichen Lebens. Dort trifft er Professoren, Offiziere, Künstler und alles, was in Bonn Rang und Namen hat. Dazu gehört auch, wie schon erwähnt, der Dichter Ernst Moritz Arndt, der unter seinem Großvater noch als Demagoge verfolgt wurde, unter dem jetzigen König aber rehabilitiert ist. Arndt macht auf ihn einen bedeutenden Eindruck. Auf seinen Reisen durch die historischen Städte des Rheinlands, durch Fahrten auf dem Rhein mit seinen Burgen und Schlössern und durch die Literatur, wird er selber zum liberalen Reichsromantiker und ist eingenommen für die deutsche Sache. Das Lied von Ernst Moritz Arndt beeindruckt ihn sehr. Darin heißt es: „Das ganze Deutschland soll es sein!“

Das Studium wird zur Erweiterung der geografischen Kenntnisse für eine längere Sommerreise in den Süden unterbrochen, die insofern der Gesundheit und der Bildung dienen soll. Es geht in die Schweiz, nach Tirol, nach Oberitalien, San Remo und Südfrankreich. Danach wird das Studium fortgeführt und schließlich beendet. Ein Abschlussexamen muss ein preußischer Prinz nicht ablegen. Wozu auch? Examensurkunden oder Abschlusszeugnisse braucht ein künftiger preußischer König niemandem vorzulegen. Er wird dennoch ein schön gestaltetes Zeugnis am Ende erhalten.

Die Koblenzer Zeit,London,Petersburg, Pflichten und eine Verlobung

Der Vater ist schon seit 1849 Militärgouverneur der Rheinprovinz und Westfalens und verlegt jetzt seinen Hof nach Koblenz, wo die Familie in das Schloss des ehemaligen geistlichen Kurfürsten von Trier einzieht. Böse Zungen behaupten, Prinz Wilhelm wird nach Koblenz, vor allem wegen seiner liberal denkenden Frau Augusta, strafversetzt. Friedrich Wilhelm ist erfreut darüber. Er hat das Rheinland liebgewonnen und fühlt sich hier freier, als in dem stockkonservativen Berlin.

Mit den Eltern unternimmt Friedrich Wilhelm einige Reisen, darunter eine für ihn besonders eindrucksvolle, am Ende schicksalhafte, zur Weltausstellung nach London. Am 29. April 1851 betritt er erstmals englischen Boden und besucht mit seinen Eltern auf Einladung des Gemahls der englischen Königin Victoria, Prinz Albert, die Weltausstellung in London. Die Weltmacht England präsentiert im Londoner Kristallpalast seine industrielle Stärke.

Auch Preußen ist auf der Weltausstellung vertreten. Ein Unternehmer, namens Alfred Krupp zeigt auf einem eindrucksvollen Stand seine Produkte aus Stahl, darunter Kanonenrohre und einen aus einem Stück geschmiedeten Würfel von schier unglaublicher Größe. Wie hat Krupp das gemacht? Wie kann man so etwas transportieren?

Friedrich Wilhelm ist tief beeindruckt, noch mehr irritiert ihn die Tochter des englischen Herrscherhauses, Prinzessin

Victoria, die erst 10 Jahre alt ist, ihn aber vom ersten Augenblick an beeindruckt. Umgekehrt macht auch der gut aussehende Friedrich Wilhelm Eindruck auf Princeß Vicky, die ihn äußerst sachkundig durch die Ausstellung führt und zudem gut Deutsch spricht. Es werden vier Jahre vergehen, bis die beiden sich das nächste Mal sehen. Man schreibt sich aber eifrig – Vickys Briefe sind besonders lang – und beide Elternteile haben schon in London eine mögliche Verbindung der beiden ins Auge gefasst. Man möchte aber die Volljährigkeit von Vicky noch abwarten.

Nach der Rückkehr ins schöne Koblenz tritt Friedrich Wilhelm für ein halbes Jahr seinen militärischen Dienst beim 1. Garderegiment zu Fuß in Potsdam an. Der König befördert ihn danach zum Hauptmann und das Studium wird Ostern 1852 nun auch offiziell beendet und Friedrich Wilhelm erhält vom Rektor der Universität ein künstlerisch gestaltetes Zeugnis. Er wird mit allen Ehren aus der Universität und aus Bonn verabschiedet. Die Studenten veranstalten ihm zu Ehren sogar einen Fackelzug. Diese Ehrerbietungen sind nicht aufgesetzt oder dem Zeitgeist geschuldet. Nein, der junge Kronprinz ist sehr beliebt, wird sogar als künftiger Thronfolger schon verehrt. Man sieht in ihm einen liberalen und mit vielen Hoffnungen verbunden Hohenzollern und möglicherweise eine große Zukunft für Preußen und Deutschland. Sehr wohl Meinende sprechen sogar schon von dem „Liebling der Nation.“

Zar Nikolaus I. ist durch Heirat mit Friedrich Wilhelms Tante Charlotte von Preußen verwandtschaftlich verbunden. Er lädt bei einem Berlinaufenthalt den jungen Prinzen nach St. Petersburg ein, der die Reise am 14. Juli 1852 per Schiff von

Stettin aus antritt. So gewinnt Friedrich Wilhelm einen guten Eindruck vom russischen Hof und durch Teilnahme an Truppenübungen auch von der Stärke des russischen Militärs, das dem preußischen kaum nachsteht. Die unumschränkte Herrschaft des russischen Zaren stößt ihn aber eher ab. Dieser absolutistische Führungsstil ist ganz sicher kein Vorbild für Preußen.

Im Sommer 1853 erkrankt Friedrich Wilhelm an einer Lungenentzündung. Infektionskrankheiten sind zu dieser Zeit schwerwiegend und können nur konventionell behandelt werden. Ein Kuraufenthalt in Bad Ems und ein Genesungsaufenthalt in Chamonix führen jedoch wieder zur Heilung und Überwindung der Krankheit. Es folgen Studien an der Kriegsakademie und in der Verwaltung, sowie Teilnahme an den Sitzungen der Oberrechnungskammer. Der König beauftragt ihn am Gedenktag der Schlacht bei Großbeeren teilzunehmen, wo er auch eine Rede hält. Er gewinnt Sympathien vor der großen Festgemeinde und gute Kritiken in der Presse.

Friedrich Wilhelm konzentriert sich jetzt ganz auf seine militärische Laufbahn, nimmt an Konferenzen des Großen Generalstabs und als Adjutant des Generals des Gardekorps, Graf von Groeben, am Herbstmanöver teil. Am Ende wird er zum Major befördert. Der König setzt gegen die Vorbehalte des Vaters durch, dass Oberst Helmuth von Moltke als Adjutant des Prinzen den weiteren militärischen Werdegang begleitet. Dem Vater ist diese Berufung zunächst ein Dorn im Auge, da er eine Verschwörung des Hofs dahinter vermutet. Man will wohl seinen Einfluss auf seinen Sohn mindern. Schließlich aber, nachdem Wilhelm den hervorragenden Offizier besser kennenlernt, ist er ganz mit der Berufung einverstanden. Man kann die Vorbehalte des Vaters verstehen, wenn man bedenkt, dass er selber ein militärischer Haudegen ist, Moltke dagegen ein intellektueller Offizierstyp, mit blendenden Umgangsformen, der sich schon als Militärschriftsteller und -theoretiker hervorgetan hat. Dieser Mann sitzt nach Meinung Wilhelms zu viel am Schreibtisch. Dies wird sich aber noch ändern, denn Moltke wird später Chef des Generalstabs und sogar Oberbefehlshaber der Preußischen Armee.

Zunächst tritt Moltke aber erst einmal seinen Dienst als Adjutant des Prinzen an und die erste Reise führt beide im September 1855 nach England. Sie folgen einer Einladung des englischen Königshauses zu einem Aufenthalt auf Schloss Balmoral in Schottland. Hier sieht Friedrich Wilhelm Prinzessin Victoria wieder und hält mit Einwilligung der Eltern und des Preußischen Königs Friedrich Wilhelm IV. offiziell um die Hand der Prinzessin an. Königin Victoria und der Prinzgemahl Albert geben gerne ihre Einwilligung, bitten aber darum mit der offiziellen Bekanntmachung noch zu warten bis die Prinzessin volljährig wird, sie ist erst 14 Jahre alt. Friedrich Wilhelm ist einverstanden. Dennoch entwickeln sich die Dinge schneller, als beabsichtigt. Nur wenige Tage später wird die Verlobung bekannt gegeben und die Presse in England und in Berlin hat ein spannendes Thema.

König Friedrich Wilhelm IV. hat seine Zustimmung zwar gegeben, hat aber dennoch seine Probleme mit dieser preußisch englischen Verbindung. Dabei geht es nicht um Prinzessin Victoria, von der man nur Gutes hört, sondern um politische Komplikationen. Russland befindet sich im Krimkrieg und Preußen ist alles andere, als neutral in dieser Angelegenheit. Da

England zusammen mit Frankreich die türkische Seite unterstützt, befindet sich Preußen plötzlich zwischen allen Stühlen.

Bismarck – noch Gesandter Preußens in St. Petersburg, danach in Paris - hat noch grundsätzlichere Probleme mit der Verlobung. Er drückt das aus, was die Konservativen davon halten: „Das Englische daran gefällt mir nicht, die Heirat aber mag ganz gut sein, denn die Prinzessin hat das Lob einer Dame von Geist und Herz. … Gelingt es ihr, die Engländerin zu Hause zu lassen und Preußin zu werden, so wird sie ein Segen für das Land sein.“ Prinzessin Victoria wird die Engländerin natürlich nicht zu Hause lassen und damit wird sie für Bismarck später zu einem Dauerproblem werden. Innerhalb Preußens gibt es fortan eine politische Spannung zwischen den konservativen Preußen in Berlin und den Liberalen in Koblenz.

Letzte, bewegte Junggesellenzeit

Der Krimkrieg endet mit einer Niederlage Russlands. Friedrich Wilhelm und Moltke begeben sich im Mai 1856 zur Sieges- und Friedensfeier nach London, wo die jungen Verlobten sich wiedersehen. Die Universität Oxford verleiht dem preußischen Prinzen die Ehrendoktorwürde der Rechtswissenschaften, ein Ausdruck höchster Wertschätzung.

Im Juli 1856 übernimmt Friedrich Wilhelm das 1. Garderegiment zu Fuß als Kommandeur, Moltke wird zum Generalmajor befördert. Im Auftrag des Königs reisen beide im September 1856 zu den Krönungsfeierlichkeiten des Zaren Alexanders II. nach Moskau. Dort erleben beide das einmalige Schauspiel eines Vielvölkerstaates mit den Besonderheiten und

Trachten, wie sie nur Russland kennt. Lange können sich beide nicht in Moskau aufhalten, denn man muss rasch zurück nach Berlin.

Dort heiratet Friedrich Wilhelms Schwester Luise den Prinzen Friedrich von Baden. Für die Rückreise von Moskau über Warschau nach Berlin bleiben nur 8 Tage und beide kommen unterwegs aus den Kleidern nicht heraus. Weiter geht es nach der Trauung nach Breslau zur Übernahme des 11. Infanterieregiments und im gleichen Monat November noch zum Geburtstag seiner Verlobten nach London, unmittelbar danach geht es nach Paris, wo Kaiser Napoleon III. den preußischen Prinzen in allen Ehren empfängt und mit einem außergewöhnlichen Programm verwöhnt. Moltke mag denken, eine Schlacht im Felde dürfte weniger anstrengend sein.

Zurück geht es nach Breslau, wohin der Prinz auch übersiedelt. Der militärische Dienst als Kommandeur und das militärische und gesellschaftliche Garnisonsleben gefallen ihm wirklich gut. Für seine Schießkünste wird Friedrich Wilhelm direkt gerühmt und der Boden einer auf 180 Schritte zerschossenen Weinflasche erhält fortan Reliquiencharakter im Offizierskasino.

Im Juni 1857 wird die Verlobung mit Prinzessin Victoria in England offiziell bekannt gegeben. Friedrich Wilhelm reist erneut nach London und wird dort Londoner Ehrenbürger. Wieder geht es zurück nach Berlin zu einer Beförderung durch den König – Friedrich Wilhelm wird Oberst - der kurz darauf seinen ersten Schlaganfall erleidet. Jetzt ändert sich alles. Sein Vater, Wilhelm, übernimmt für seinen Bruder die Regentschaft, die bis zum Tod Friedrich Wilhelms IV. zu einer Dauerlösung wird, da sich dessen Zustand kontinuierlich verschlechtert. Friedrich Wilhelm wird damit jetzt auch offiziell zum Kronprinzen Preußens.

Traumhochzeit

Der Hochzeitstermin wird auf den 25. Januar 1858 festgesetzt. Friedrich Wilhelm kommt zwei Tage vorher mit der Bahn in London an und wird vom Prinzgemahl, dem Prinzen von Wales und hochrangigen Offizieren und Staatsbeamten am Bahnhof empfangen. Schon Tage vorher hat es im Buckingham Palast einen glänzenden Ball mit mehr als tausend Gästen gegeben. Dort wird er auch von seinem Vater erwartet, der ihn im Auftrag des Königs noch vor der Trauung zum Generalmajor befördert, so dass Friedrich Wilhelm zur Hochzeit in Generalsuniform auftreten kann.

Die Trauung findet in der Kapelle des St. James Palastes statt. Dort wurden auch die Eltern der Prinzessin, die englische Königin Victoria mit Prinz Albert getraut. Tradition ist ganz wichtig in England. Den Trauakt vollzieht der Erzbischof von Canterbury, der Primas der anglikanischen Kirche. Mit dem Halleluja aus Händels „Messias“ endet die kirchliche Veranstaltung. Es folgt die in England übliche Kutschfahrt mit großem Gefolge der Garden zum Buckingham-Palast unter der begeisterten Anteilnahme der Bevölkerung. Friedrich Wilhelm und Victoria verlassen London mit der königlichen Yacht am 2. Februar unter dem Geschützdonner vom Fort Tilbury. Der Abschiedsgruß der englischen Bevölkerung lautet: „Fare well Rose of England“.

Am nächsten Tag wird Antwerpen erreicht und es geht weiter mit dem Zug nach Berlin. Überall, wo das junge Paar Städte durchfährt, wird es stürmisch von der Bevölkerung gefeiert. Am 6. Februar erreicht man im Salonwagen Potsdam am Nachmittag. Auch hier Kanonendonner, großer Empfang und Eskorte der Kavallerie zum Schloss. Am Tag darauf geht es weiter mit vierspänniger Kutsche und großem Geleit nach Berlin zum Schloss Bellevue im Tiergarten, wo das junge Paar von König Friedrich Wilhelm – schon von der Krankheit gezeichnet - und Königin Elisabeth empfangen werden. Der König muss nach herzlichem Empfang zu seiner Schonung schon nach kurzer Zeit zum Schloss Charlottenburg zurück. Das Brautpaar fährt weiter durch Berlin und durch das Brandenburger Tor zum Pariser Platz, wo es vom Oberbürgermeister, Wilhelm Krausnick, und der Bevölkerung Berlins stürmisch gefeiert wird, begleitet von Musikkorps und Glockengeläute.

Dann bezieht das Paar seine vorübergehende Residenz im Alten Schloss, das Kronprinzenpalais befindet sich noch im Umbau. Berlin bleibt in dieser Nacht und in den folgenden Nächten taghell. Überall wird gefeiert, Studenten veranstalten Fackelumzüge. Die Begeisterung ist grenzenlos. Nicht so die Begeisterung der Prinzessin über ihr neues Zuhause. Das alte Schloss ist dunkel, kalt und ungemütlich. Es fehlt an Baderäumen und die Etikette am preußischen Hof ist steif und unfreundlich. Victoria ist sehr enttäuscht und schreibt das auch ihrer Mutter. Ihr Zuhause ist immer noch der englische Hof, den sie anders als den preußischen für weltoffen und stilvoller hält. Das alles hat aber nichts mit dem persönlichen Glück Victorias und Friedrich Wilhelms zu tun. Beide lieben sich von ganzem Herzen und das wird auch lebenslänglich so bleiben und viele Probleme, die auf das junge Paar zukommen werden somit erleichtern.

Kronprinz

König Friedrich Wilhelm IV. wird nach mehreren Schlaganfällen regierungsunfähig und Wilhelm muss am 26. Oktober 1858 die Regierungsverantwortung übernehmen. Da niemand mehr mit der Genesung des Königs rechnet, wird Wilhelm schon nach kurzer Zeit zum Prinzregenten ernannt und damit ist auch klar, dass er der nächste König von Preußen sein wird. Friedrich Wilhelm wird damit automatisch, und jetzt auch ganz offiziell, Kronprinz und da der Vater sich eigentlich schon im Pensionsalter befindet, rechnet man in nicht so ferner Zukunft mit einem jungen König von Preußen, nämlich mit Friedrich Wilhelm, der sich – wie man weiß – Friedrich nennen will. Am 2. Januar 1861 stirbt Friedrich Wilhelm IV. und für Preußen bricht ein neues Zeitalter an, so glauben die Menschen.

Aber schon das althergebrachte Krönungszeremoniell in Königsberg, bei dem sich Wilhelm selber die Krone auf das Haupt setzt, macht den Anspruch „von Gottes Gnaden“ mehr als deutlich und auch der liberal eingeschätzte Kronprinz findet das Zeremoniell und die damit einhergehende Selbsteinschätzung des absoluten Monarchen höchst würdevoll und angemessen. Er wird den Anspruch des Hauses Hohenzollern auf genau dieses Königtum lebenslänglich beibehalten, und dass auch im Gegensatz zu seiner Frau und zu der Einschätzung liberaler Politiker, die eine konstitutionelle Monarchie nach englischem Vorbild auch für Preußen fordern und von ihm erhoffen. Der König wird danach als oberster Repräsentant des Staates gesehen, die Politik aber würde dabei von einem gewählten Parlament ausgehen, dass die Regierung ernennt und kontrolliert. Selbstverständlich hätte das Parlament auch das Budgetrecht und somit auch die Kontrolle über die Militärausgaben. Vor allem an diesem Punkt scheiden sich die Geister.

Das Problem der Heeresreform

König Wilhelm I. ist durch und durch Soldat, war zeitlebens preußischer Offizier und zuletzt Oberbefehlshaber des Heeres. Als König handelt es sich selbstverständlich um seine Armee. Da hat das Parlament nicht mitzureden, geschweige denn über die Ausgaben der Armee zu entscheiden. Nach der preußischen Verfassung, der sein Bruder noch zu Lebzeiten ohne große Begeisterung zustimmen musste, hat das Parlament aber genau dieses Recht.

So kommt es im Frühjahr 1862 zum offenen Konflikt. Das Parlament lehnt die vom König und auch vom Kronprinzen für nötig befundene Heeresreform, die eine Vergrößerung der Truppenstärke und eine dreijährige Dienstpflicht vorsieht, ab und sperrt die Haushaltsmittel. König Wilhelm ist tief verärgert über diese demokratische Anmaßung und wittert Revolution. Kurzerhand löst er das Parlament auf. Als nach Neuwahlen im Mai die Liberalen fast 80 Prozent der Sitze erringen und die Heeresreform damit schon gar nicht mehr durchsetzbar ist, denkt König Wilhelm an Abdankung. Soll sich doch der junge Kronprinz mit diesen Parlamentariern herumschlagen. Unter diesen Umständen möchte er nicht mehr König sein. Der Staatsnotstand ist da.

Kriegsminister Roon begibt sich zum König und schlägt ihm vor, es doch noch einmal mit einem neuen Ministerpräsidenten zu versuchen. Otto von Bismarck, der preußische Gesandte in Paris, wurde von ihm schon einmal vorsorglich nach Berlin beordert und wäre wohl imstande, das Problem mit dem Preußischen Landtag in Angriff zu nehmen. Der König solle doch noch diesen Versuch unternehmen, bevor er die Flinte ins Korn wirft. König Wilhelm ist trotz tiefer Kränkung einverstanden und möchte diesen Bismarck empfangen.

Bevor sich Bismarck bei ihm meldet, erfährt der König, dass Bismarck schon mit dem Kronprinzen gesprochen habe, was ihn zu der Bemerkung veranlasst: „Mit dem ist wohl auch nichts los." Nachdem Bismarck sich zur Audienz meldet, wird sich diese Einstellung aber schnell ändern. Vor ihm steht ein großer, gerade aufgerichteter, junger Adeliger, der ihm versichert, dass er sich für seinen König eher in Stücke hauen ließe, als den Vorstellungen des Landtags nachzugeben. Zur Not werde er auch ohne den Landtag und ohne ein Budget regieren. Wo käme man denn hin, wenn Zivilisten über Heeresangelegenheiten mitreden wollten. Bismarck ist übrigens Reserveleutnant der Landwehr, der hier dem Oberbefehlshaber der Armee gegenübertritt. Der König ist begeistert und Bismarck wird zum Ersten Minister der Regierung ernannt, er wird sich fortan Ministerpräsident nennen. Die Abdankung ist vom Tisch, von der auch der Kronprinz dem Vater abrät. Bismarck war eben schon vor der Audienz bei ihm. Er hat bereits sein erstes Netz ausgelegt.

Über die Haltung des Kronprinzen zur beabsichtigten Abdankung seines Vaters gibt es wilde Gerüchte. Seine

Anhänger sind tief enttäuscht, hatten sie sich doch von der Regentschaft des Kronprinzen ein liberaleres Preußen versprochen. Sie kolportieren, der Kronprinz habe „gekniffen". Auch die Kronprinzessin Victoria hätte es gerne gesehen, wenn Friedrich Wilhelm zugestimmt hätte und sie Königin geworden wäre. Es hilft aber nichts, hier war ihr Einfluss nicht groß genug. Bei den Konservativen steigt der Kronprinz jedoch in der Achtung, hat er doch in dieser Frage große Haltung und Achtung vor dem Vater bewiesen. Für sie ist die Einschätzung des Kronprinzen als Liberaler nur dummes Geschwätz. Diese ambivalente Beurteilung des Kronprinzen wird ihn fortan bis zu seinem Lebensende begleiten. Seine politischen Absichten werden von den beiden Lagern immer gegensätzlich eingeschätzt und keine Seite kann ihn wirklich zu ihren Zwecken vereinnahmen.

Eine schwere Geburt und familiärer Kummer

Am 27. Januar 1859 kommt im Kronprinzenpalais der erste Sohn zur Welt und es herrscht große Freude in Berlin über die Geburt eines weiteren Thronfolgers. Nur langsam und sehr verspätet erfährt die Öffentlichkeit, dass es bei der Geburt von Friedrich Wilhelm Victor Albert, kurz später Wilhelm genant, Probleme gegeben hat. Mehrere Spezialisten wurden bei der Geburt hinzugezogen, da es sich um eine Steißlage gehandelt hat und das Kind gedreht werden musste. Dabei könnte der linke Arm des Kindes beschädigt worden sein. Außerdem dauerte es sehr lange, bis das Kind ein Lebenszeichen gab, man hatte schon mit einer Totgeburt gerechnet.

Der kleine Wilhelm entwickelt sich dann aber ganz normal und man hofft, die Probleme mit dem linken Arm durch physiotherapeutische Maßnahmen beseitigen zu können, was aber nur unzureichend gelingt. Es stellt sich heraus, dass möglicherweise bei der Armdrehung Nerven beschädigt worden sein könnten. Der Arm ist verkürzt und zunächst in seinen Bewegungen stark eingeschränkt. In der Bevölkerung spricht man später vom „Kaiserarm“, der von besonders Königstreuen nachgeahmt wird..

Das Kronprinzenpaar bekommt insgesamt acht Kinder und führt ein tadelloses, für viele Bürgerliche, vorbildliches Familienleben, das aber nicht ungetrübt von Schicksalsschlägen bleibt. Sigismund stirbt schon mit zwei und Waldemar mit elf Jahren. Kindersterblichkeit macht auch vor Herrscherhäusern nicht Halt und der damit verbundene Kummer auch nicht. Die Eltern sind nach dem Tod von Waldemar wie betäubt im Schmerz und es dauert lange, bis sich so etwas, wie Normalität, wieder einstellt. Die Familie hat schließlich noch sechs Kinder und die Thronfolge der Hohenzollern ist durch Wilhelm gesichert. Das alles kann natürlich kein Trost für den Verlust der beiden Söhne sein.

Prinz Wilhelm wird vom König, seinem Großvater Wilhelm, besonders geliebt und gefördert. Im Laufe der Jahre verschlechtert sich auch deshalb das Verhältnis zu seinen Eltern und man rätselt über die Gründe dafür. Ist es der Einfluss der Großeltern, der den Prinzen seinen Eltern entfremdet oder ist es politischer Einfluss Bismarcks, der immer wieder einen Keil zwischen die Beziehungen treibt? Ist es vielleicht sogar auf die schwere Geburt zurückzuführen, bei der sehr lange die Sauerstoffzufuhr zum Gehirn unterbrochen war, was aber eigentlich keinen Einfluss auf den Charakter eines Menschen haben sollte? Die Spekulationen nehmen ihren Lauf und Prinz Wilhelm entdeckt irgendwann auch seine, wenn auch noch begrenzte Macht, die er auf seine Eltern im Spiel mit den außerfamiliären Kräften ausüben kann. Am Ende wird aus diesen Machtspielchen aber offene Feindschaft, Pietätlosigkeit seinem später sterbenskranken Vater gegenüber und offener Hass gegen seine Mutter, die er nach dem Tod seines Vaters sogar förmlich aus dem Haus treiben lässt. Die politischen Einstellungen des späteren letzten deutschen Kaisers England gegenüber, werden schließlich auch von dem Widerstand gegen die Ansichten seiner Eltern geprägt sein, ein Eltern-, Kindproblem mit schwerwiegenden historischen Folgen, das schließlich sogar zum Ende der Hohenzollernmonarchie führen wird.

Verfassungskonflikt und Pressezensur

Bismarck, seit dem 8. Oktober 1862 vom König zum Ministerpräsidenten berufen, hat die Regierungsgeschäfte kraftvoll übernommen. Das Parlament hat keinerlei Mitspracherecht über die Regierung, ihre personelle Zusammensetzung und ihre Politik. Er packt sofort den Stier bei den Hörnern und hält im Landtag eine geharnischte Rede. Dabei macht er klar, dass Preußen nicht durch parlamentarisches Geschwätz so groß geworden ist, sondern durch entschlossene Monarchen und ein starkes Militär. Er werde in der Frage der Heeresreform nicht nachgeben, zur Not werde er ohne genehmigten Haushalt regieren, was einem glatten Verfassungsbruch gleich kommt. Die Rede wird legendär durch die Ankündigung, Preußen werde nur durch eine Politik von „Blut und Eisen“ bestehen können.

Der Verfassungskonflikt ist da und Kronprinz Friedrich Wilhelm befindet sich zwischen den Fronten. Die Heeresreform hat er persönlich mit ausgearbeitet und er ist auch von ihrer Notwendigkeit und Richtigkeit überzeugt. Er hält es andrerseits aber für ausgeschlossen, dass die Verfassung einfach gebrochen werden kann, wie es sein Vater und Bismarck jetzt ankündigen. Was also ist zu tun?

Friedrich Wilhelm löst das Problem sehr elegant. Er geht auf Auslandsreise und entzieht sich damit den gegensätzlichen Ratschlägen seiner Berater. Zusammen mit seiner Frau und ihrem Bruder, dem Prinzen von Wales, geht es nach Italien und Südfrankreich, wo die Reisegesellschaft in Marseille an Bord des britischen Raddampfers „Osborne“ in See geht. Es beginnt eine vergnügliche Bildungsreise. Zunächst geht es an die nordafrikanische Küste nach Karthago, dann zurück nach Italien. Pompeji wird besucht, der Vesuv bestiegen und weiter geht die Reise nach Rom. Eine Privataudienz bei Papst Pius IX. ist eher eine politische Mission. Der Papst trägt auf Wunsch Victorias eine Widmung in ihr Album ein und es erfüllt sie fast mit Entsetzen, als sie die lateinische Eintragung später entschlüsselt. Der Papst hat geschrieben: „Domine Misere eis, qui in Tenebris sedent in umbra mortis“, was übersetzt heißt: „ Erbarme Dich, Herr, derer, welche in Finsternis sitzen und in dem Schatten des Todes.“ Ist das eine Weissagung, eine Mahnung oder fiel dem Papst in der Schnelle nichts besseres ein? Rückblickend betrachtet und in Kenntnis der tragischen Krankheit des Kronprinzen macht einen dieses Wort fassungslos.

Am 2. Dezember 1862 geht es wieder auf die Heimreise. Man macht Station in Wien und besucht Kaiser Franz Josef, der fast gleichaltrig wie der Kronprinz ist und den man sehr sympathisch findet. Zu Weihnachten ist man wieder in Berlin, wo sich die politischen Wogen nicht im geringsten geglättet haben. Bismarcks Rede hat Roon und auch König Wilhelm irritiert und er sagt zu Bismarck, auf einer Kutschfahrt zum Königspalast: „Ich sehe ganz genau voraus, wie das alles enden wird. Da vor dem Opernplatz, unter meinen Fenstern, wird man ihnen den Kopf abschlagen und etwas später mir." Zuversicht sieht anders aus. Darauf Bismarck: "Et après, Sire?" Darauf der König: „Ja, après, dann sind wir tot." Jetzt packt Bismarck seinen König bei der Monarchen- und Offiziersehre: „Ja, dann sind wir tot, aber sterben müssen wir früher oder später doch, und können wir anständiger umkommen? Ich selbst für die Sache meines Königs, und Eure Majestät, indem Sie Ihre königlichen Rechte von Gottes Gnaden mit dem eigenen Blut besiegeln." Beide „Todeskandidaten" werden noch 26 Jahre miteinander regieren, aber Bismarck weiß genau, wie er seinen König ansprechen muss.

Der Verfassungsbruch wird aber von den Politikern und von der Presse nicht einfach hingenommen. Es rauscht im Blätterwald und die Lage wird für die Regierung ungemütlich. Die Mehrheit der Parteien und der weibliche Teil der Königsfamilie sind gegen Bismarck und dessen radikale, die Verfassung ignorierende Politik. Lange Briefe von Victoria gehen wöchentlich nach London, so dass Bismarck schon von einer englischen Spionin spricht. Die Stimmung gleicht schon wieder der vorrevolutionären Zeit von 1848. Es muss etwas geschehen. Friedrich Wilhelms Berater, Duncker, rät dem Kronprinzen, klar Stellung zu beziehen. Er vertritt die

Auffassung, dass der Kronprinz seinem Vater gegenüber seine Sicht darlegen müsste, um zumindest den Versuch zu unternehmen, ein Korrektiv zur Bismarckschen Politik zu sein.

Damit bringt er den Kronprinzen in einen grundlegenden Gewissenskonflikt. Friedrich Wilhelm ist nicht nur Sohn und Thronfolger, sondern auch Offizier der Preußischen Armee. Er kennt das Handbuch für das Militärrecht von 1826. Darin heißt es im Paragrafen 479: „Da in einem rein monarchischen Staate, wie dem preußischen, die Staatsgewalt sich in der Person des Monarchen konzentriert, so lassen sich die Standespflichten der Militärpersonen auf die beiden Pflichten der unbedingten Treue gegen den König und des unbedingten Gehorsams gegen dessen unmittelbare Befehle zurückführen, indem sich aus ihnen alle anderen militärischen Standespflichten herleiten." Das heißt mit anderen Worten: würde sich Friedrich Wilhelm gegen seinen Vater, den König, stellen, wäre das nicht nur eine Unbotmäßigkeit als Sohn, sondern auch eine Pflichtverletzung gegenüber dem preußischen Militärgesetz. Ein nicht auflösbarer Konflikt, bei dem Außenstehende überhaupt keinen Rat geben können. Seinem Vater schreibt Friedrich Wilhelm am 31. Mai 1863: „Du weißt es, lieber Papa, wie ich mit ganzer Seele an Dir hänge, wie es keinen Menschen auf der Erde gibt, der Dir treuer ergeben ist, als ich, und wie Deine Wünsche immer Befehle für mich sind." Das sind tief aus dem Herzen des Kronprinzen kommende Worte an seinen Vater, den er aufrichtig verehrte und liebt.

Der Konflikt weitet sich aus. Am 1. Juni 1863, also nur einen Tag später, erlässt Bismarck eine Presseverordnung, die sogenannte „Preßordonanz". Sie wird mit dem Notstandsparagrafen, dem Artikel 63 der Preußischen

Verfassung begründet. Danach können Zeitungen und Zeitschriften nach zweimaliger Verwarnung „wegen fortdauernder, die öffentliche Wohlfahrt gefährdender Haltung" verboten werden. Die Juristen sind sich einig, dass diese Verordnung wiederum gegen die Verfassung verstößt. Schlimmer noch ist die Annahme, die Regierung werde diese Verordnung auch auf Beamte und Vereine ausdehnen. Das richtet sich klar gegen Gesinnungs- und Meinungsfreiheit in Preußen.

Der Kronprinz befindet sich auf einer Inspektionsreise durch Ostpreußen und erfährt in Danzig davon. Wohl unter dem Einfluss seiner Frau, distanziert sich Friedrich Wilhelm anlässlich eines Empfangs im Rathaus von dieser Verordnung – in Wirklichkeit sagt er nur, er hätte davon nichts gewusst - und das wird natürlich sofort in Windeseile verbreitet. Man spricht von einem Konflikt im Herrscherhaus und der Skandal ist da. König Wilhelm ist außer sich und denkt an ein Kriegsgericht mit anschließender Festungshaft. Wird sich die tragische Geschichte des Soldatenkönigs mit seinem Sohn Friedrich wiederholen? Ausgerechnet Bismarck verhindert das. Nach reiflicher Überlegung, und nachdem Briefe hin und her gehen, erhält der Kronprinz einen strengen Brief des Königs. Er macht dem Kronprinzen klar, dass dies eine Auflehnung gegen die Krone und gegen den obersten Kriegsherrn Preußens ist. Der Kronprinz wird verpflichtet, keinerlei Stellungnahmen mehr abzugeben, andernfalls erfolge Abberufung und Enthebung seiner Kommandostelle im Heer.

Weitere Briefe gehen hin und her. Victoria schildert ihrer Mutter in einem langen Brief, in welch unglücklicher Lage sie sich mit ihrem Mann befindet. Sie befürchtet sogar Arrest und berichtet, dass beide ganz krank seien und kaum mehr schlafen können.

Zurück in Berlin werden ernste Gespräche geführt und Friedrich Wilhelm bittet seinen Vater, an Bismarcks Kabinettssitzungen nicht mehr teilnehmen zu müssen. Seine Meinung sei ohnehin nicht gefragt. Auch von den Ministerialsitzungen möchte der Kronprinz fernbleiben, was dazu führt, dass er aus dem Politikbetrieb künftig vollständig ausgeschaltet bleibt.

Der Landtag wird erneut aufgelöst und bei den Neuwahlen im Oktober 1863 erreichen die Oppositionsparteien fast eine Zweidrittelmehrheit. Bismarck muss die Pressegesetze jetzt aufheben, was die Position des Kronprinzen natürlich noch mehr verschlechtert. Dieser hält sich seit September in Schottland auf Schloss Balmoral auf und beabsichtigt, ganz nach England überzusiedeln. Der König lehnt diesen Plan ab und beordert Friedrich Wilhelm zur Eröffnung des Landtags am 9. November 1863 nach Berlin zurück. Er besteht auch darauf, dass der Kronprinz weiterhin seine politischen Aufgaben wahrzunehmen hat.

Die Meinungsverschiedenheiten zwischen König Wilhelm, dem Kronprinzen und Bismarck sind keineswegs so verschieden, dass ein Kompromiss nicht möglich erscheint. Gemeinsam vertreten sie eine Monarchie von Gottes Gnaden, der Kronprinz allerdings in konstitutioneller Form. Gemeinsam ist auch das Ziel, Deutschland unter preußischer Führung zu einen. Der König möchte aber sein Preußentum erhalten, der Kronprinz denkt an ein Kaiserreich und sieht dies in der historischen Nachfolge des Heiligen Römischen Reichs

Deutscher Nation. Er geht sogar soweit, an die Tradition der Staufer anknüpfen zu wollen und möchte sich daher später Friedrich der IV. nennen. Mit diesem Gedankengut kann sich Bismarck allerdings nicht anfreunden und da er die Politik bestimmt, steuert er einen Weg nach seinen Vorstellungen. Seine Kunst besteht darin, die Vorstellungen der beiden Hohenzollern immer wieder einzufangen und auf seinen, den einzig richtigen Weg, zu lenken. So wird es auch kommen.

Krieg gegen Dänemark

Wenn innenpolitisch alles quer läuft, hilft meistens die Außenpolitik. So kommt Bismarck die Krise um die Herzogtümer Schleswig-Holstein wie gerufen. Schleswig und Holstein sind seit dem Mittelalter auf ewig miteinander verbunden und dürfen nicht geteilt werden. Das hat aber nicht verhindert, dass Schleswig von Dänen bewohnt wird und Holstein zum Deutschen Bund gehört. Beide zusammen werden in Personalunion von der Dänischen Krone regiert. Dieses komplizierten Geflecht, auch die Thronfolge, sind im Londoner Protokoll von 1852 garantiert, in dem auch der Herzog von Augustenburg auf seine Erbfolge gegen eine finanzielle Entschädigung verzichtet hat.

Nun stirbt aber der dänische König Friedrich VII. und sein Nachfolger wird Christian IX. aus dem Hause Schleswig-Holstein-Sonderburg-Glücksburg, alles nach dem Londoner Protokoll in Ordnung. Dieser sorgt jetzt dafür, dass durch Parlamentsbeschluss die beiden Herzogtümer jetzt Dänemark angegliedert werden sollen, was dem Londoner Protokoll nicht mehr entspricht. Da Friedrich VII. kinderlos gestorben ist, ernennt sich zu allem Überfluss auch noch der amtierende Augustenburger, entgegen den Einlassungen seines Vaters, zum Herzog von Schleswig-Holstein. Die Bühne für einen ordentlichen Konflikt, zur Not auch Krieg, ist damit bereitet. Der Deutsche Bund bittet die beiden Großmächte, Österreich und Preußen, zusammen mit Kräften des Deutschen Bundes zu intervenieren.

Das ist die Stunde Bismarcks, der bereits ganz andere Pläne im Sinn hat, die seine Widersacher kaum durchschauen. Ein Zusammengehen mit Österreich ist nicht der perfekte Plan, kann aber zunächst in Kauf genommen werden. Ein Grund zu Streitigkeiten mit Österreich wird sich noch finden. So überzeugt er seinen König und Kronprinzen, ihren patriotischen Pflichten nachzukommen und Truppen nach Schleswig-Holstein zu schicken. Dabei muss er sich beeilen, denn die Österreicher sind schon auf dem Weg und das Preußische Heer ist noch etwas umständlich, mittlerweile auch unerfahren.

Der Kronprinz sitzt wieder zwischen allen Stühlen. Ironie des Schicksals ist, dass die Tochter des Königs von Dänemark die Gemahlin des Prinzen von Wales, seines Schwagers, ist. In Europa hängt eben alles mit allem zusammen. Nun muss er sich zwischen familiären, nationalen und europäischen Gefühlen entscheiden, was Bismarck überhaupt nicht interessiert. Der Kronprinz eilt jedenfalls erst einmal wieder von Balmoral nach Berlin zurück, da er immerhin ein hohes militärisches Amt innehat. Er unterstützt auch – wie der König - den Erbanspruch des Herzogs von Augustenburg, den er noch aus seiner Studienzeit in Bonn kennt. Das alles hält Bismarck für irrelevant. Der verfolgt seinen Plan, der auf ganz andere Ziele ausgerichtet ist, steuert die Hohen Herren nach seinem Willen und macht in der Ministerratssitzung deutlich, dass alle Monarchen Preußens für Landgewinn gesorgt hätten und eine Übergabe Schleswig-Holsteins an den Augustenburger für ihn keinen Sinn mache. Der Kronprinz hebt die Arme zum Himmel, als erwarte er von dort Beistand und der König nimmt an, Bismarck sei von dem Wein beeinflusst, den es beim gemeinsamen Frühstück gegeben hat. Vorsichtshalber ordnet er an, diese Bemerkung Bismarcks nicht in das Protokoll aufzunehmen, womit dieser aber keineswegs einverstanden ist. Der Vermerk wird wieder aufgenommen. Damit ist klar, dass Bismarck eine Annektion Schleswig-Holsteins plant, was außer ihm offensichtlich niemand will.

Jetzt kommt es darauf an, die „eingerostete“ Armee in Schwung zu bringen. Außer einigen Einsätzen gegen Revolutionäre in Preußen, in Baden und in kleineren Fürstentümern, hat sie seit fast fünfzig Jahren keine Kriegserfahrung mehr, was König Wilhelm sehr bedauert. Eine Rolle, als oberster Kriegsherr, war ihm bisher nicht vergönnt. So wird rasch ein kombiniertes Korps aus Infanterie und Artillerie aufgestellt, das von Prinz Friedrich Karl, dem Vetter des Kronprinzen, geführt wird. Oberbefehlshaber ist der achtzigjährige Generalfeldmarschall Friedrich Heinrich Graf von Wrangel. Der Kronprinz erhält kein Kommando, sondern wird von Wrangel als Vertreter der Krone zugeteilt, mit dem klaren Auftrag des Königs, den Kronprinzen an Entscheidungen zu beteiligen.

Am 1. Februar 1864 besetzten 37.000 Preußen und 23.000 Österreicher Schleswig, nachdem ein Ultimatum an Dänemark fruchtlos abgelaufen ist. Am englischen Hof ist man außer sich und äußert sich empört gegenüber dem Schwiegersohn und der Tochter, die dieses Mal aber auf der Seite Preußens steht. Das dänische Heer wird am 18. April bei den Düppeler Schanzen geschlagen, die Herzogtümer werden besetzt, ein Teil Dänemarks nördlich davon gleich mit, man braucht schließlich Verhandlungsmasse. Die Beteiligten, auch Friedrich Wilhelm, werden ausgezeichnet. Der Kronprinz wird zum Kommandierenden General des II. Armeekorps in Stettin befördert und der Krieg ist beendet, wenn auch unter Bruch des Londoner Abkommens.

Am 30.Oktober 1864 kommt es in Wien zum Friedensvertrag. Dänemark muss auf alle Rechte in den beiden Herzogtümern verzichten, die jetzt von Österreich und Preußen gemeinsam verwaltet werden. Nun müssen sich noch Preußen und Österreich über die Herzogtümer einigen, was im Vertrag von Gastein am 14. August 1865 vereinbart wird. Dem österreichischen Kaiser, Franz Josef, dürfte dabei aber schon klar gewesen sein, dass er sich mit dem weit entlegenen Holstein ein dauerhaftes Problem eingehandelt hat. Von dem Augustenburger, für dessen Rechte man ja intervenierte, ist jetzt keine Rede mehr, vielmehr macht Preußen deutlich, dass es sich für seine Verluste mit beiden Gebieten entschädigen will. Hinzu kommt noch die preußische Besetzung des Herzogtums Lauenburg. Bismarck macht sich nicht einmal die Mühe, diese ebenfalls völkerrechtswidrige Annexion zu begründen und geht bei all dem auch nicht leer aus. Der König erhebt ihn für seine Dienste in den Grafenstand.

Der Deutsche Krieg gegen Österreich

Friedrich Wilhelm befindet sich zu Beginn des Jahres 1866 im besten Mannesalter von 34 Jahren. Sein Vater ist jetzt 69 Jahre alt und es besteht durchaus die Hoffnung auf eine baldige Thronfolge. Militärisch ist er zum Kommandierenden General aufgestiegen und er erfreut sich großer Beliebtheit im Volk. Politisch orientiert er sich in Richtung einer liberalen, konstitutionellen Monarchie und einem noch zu verrichtenden deutschen Einigungswerk unter preußischer Führung. Dynastisch versteht er sich als echter Hohenzoller nach dem Vorbild der großen Preußenkönige und Kurfürsten, deren Regierungsgewalt sich von Gottes Gnaden herleitet. Die parlamentarischen Rechte sind genau begrenzt und beziehen sich nicht auf die Regierungsgewalt, schon gar nicht auf die Armee. Anders als sein Vater strebt er einen zentralisierten deutschen Nationalstaat an, unter Führung eines Kaisers, den er in der historischen Nachfolge zum Heiligen Römischen Reich Deutscher Nation sieht. Er liegt damit nicht in allen Ansichten auf der Linie seines Vaters und in der Vorstellung des künftigen deutschen Kaisers auch nicht auf der Linie Bismarcks. Im Gegensatz zu Bismarck, zieht er auch keine weiteren Kriege zur Gewinnung der deutschen Einheit in Betracht. Probleme mit dem König und vor allem mit Bismarck sind damit unausweichlich.

Für Bismarck steht Österreich, als Vielvölkerstaat, den preußischen Zielen einer Vorherrschaft in Deutschland im Weg. Er sieht nur eine kleindeutsche Lösung - ohne Österreich - als erreichbar an und handelt dementsprechend. Um Österreich auszuschalten, bedarf es eines Krieges. Den König muss er noch überzeugen, den Kronprinzen nimmt Bismarck nicht ernst. Ausgerechnet zum französischen Botschafter, Graf Benedetti, sagt er verächtlich: „Der Kronprinz beschäftigt sich mit Politik, die er nicht versteht, spricht von Dingen, die er nicht kennt, und öffnet Bücher, die er nicht liest.“ Er kann mit Gewissheit davon ausgehen, dass eine solche Äußerung die Runde machen wird.

Bismarck hat sich mit italienischen Diplomaten besprochen und eine Unterstützung in territorialen Fragen gegen Österreich in Aussicht gestellt, sollte Italien sich neutral verhalten. Österreich wiederum sucht offensichtlich Beistand bei anderen europäischen Staaten gegen Preußen. Über die Schleswig-Holstein Fragen soll nach einer Petition Österreichs der Deutsche Bund entscheiden, worin der König einen Bruch des Vertrages von Gastein sieht. Als Österreich auch noch seine Südarmee gegen Italien mobilisiert, sind die Würfel für einen Krieg gefallen. Die Lage ist günstig., da Österreich sich um zwei Fronten kümmern muss und auch noch Truppen in Holstein stationiert hat.

Der König ist jetzt auf Bismarcks Seite und der Kronprinz hält es für seine patriotische Pflicht, jetzt auch auf der Seite Bismarcks zu stehen, was allgemeine Verwunderung auslöst. Das eine Reichseinigung gegen Österreich nur Krieg bedeuten kann, war ihm doch schon vorher bekannt. Victoria schreibt ihrer Mutter nach London: „Des Monarchen Anbetung für Bismarck steigt mit jedem Tag.“

Am 7. Juni 1866 rücken preußische Truppen in das von Österreich verwaltete Holstein ein. Österreich beantragt darauf hin die Mobilisierung des Bundesheeres gegen Preußen. Die diplomatischen Beziehungen werden eingestellt und als das

Bundesheer tatsächlich mobilisiert wird, tritt Preußen aus dem Deutschen Bund aus. Sachsen, Hannover und Kurhessen werden aufgefordert, sich neutral zu verhalten. Bismarck rechnet damit, dass die drei Länder dieser Aufforderung nicht nachkommen werden, was im Falle eines preußischen Sieges deren Untergang bedeuten würde. Die Landkarte zwischen den beiden großen, aber immer noch geteilten Gebieten Preußens wäre damit geschlossen.

Genau so kommt es. Preußen stellt die gesamte Armee in drei Abteilungen gegen Österreich auf, wobei der Kronprinz die zweite Armee in Schlesien führt. Die gegen Preußen kriegführenden kleinen Länder des Deutschen Bundes werden ohne Schwierigkeiten besetzt. Der Hauptstoß der preußischen Armee wird unter dem Generalstabschef des Grafen von Moltke in Böhmen geführt, kommt aber zum Stocken.

Der Kronprinz wird mit seiner II. Armee die Entscheidung bringen. Vor der Entscheidungsschlacht erlässt er folgenden Aufruf an seine Armee: „Soldaten der II. Armee! Ihr habt die Worte unseres Königs und Kriegsherren vernommen! Die Bemühungen seiner Majestät, dem Lande den Frieden zu erhalten, waren vergeblich. Mit schwerem Herzen, aber stark im Vertrauen auf die Hingebung und Tapferkeit seiner Armee, ist der König entschlossen, zu kämpfen für die Ehre und Unabhängigkeit Preußens, wie für die machtvolle Neugestaltung Deutschlands. … Soldaten! Zum ersten Mal seit über 50 Jahren steht unserem Heer ein ebenbürtiger Feind gegenüber. Vertraut auf eure Kraft, auf unsere bewährten, vorzüglichen Waffen, und denkt, es gilt, denselben Feind zu besiegen, den einst unser größter König mit einem kleinen Heere schlug. Und nun vorwärts mit der alten preußischen

Losung: Mit Gott für König und Vaterland!“

Bei Königgrätz kommt es zur entscheidenden Schlacht, in die der Kronprinz mit seiner Armee etwas verspätet, aber um so entscheidender eingreift. König Wilhelm verfolgt das Geschehen vom Feldherrnhügel und nimmt den Glückwunsch seines Generalstabschefs von Moltke entgegen, der sagt: „Die Armee Seiner Königlichen Hoheit des Kronprinzen greift ein. Eure Majestät haben die Schlacht gewonnen.“ Die materialreichste Schlacht des 19. Jahrhunderts, in der sich auf beiden Seiten über 220.000 Mann gegenüberstehen ist für Preußen entschieden. Die Verluste aber sind gewaltig. Preußen hat über 10.000 Mann, Österreich etwa 44.400 Mann verloren. Das Schlachtfeld bietet grausige Bilder, die den Kronprinzen dazu veranlassen, seiner Frau zu schreiben, wie sehr ihn das alles mitnimmt und dass er hofft, dieses würde der letzte Krieg sein. Der Kronprinz ist sichtbar betroffen von den Gräueln der Schlacht, deren Ausmaße man sich heute kaum mehr vorstellen kann. Ein mit Tausenden von Toten und wimmernden Schwerverletzten übersätes Schlachtfeld, Blut getränkt und mit Pferdeleichen bedeckt. Dazwischen zerstörte Waffen, Fetzen von Uniformen, zerbrochene Wagen und zerborstene Geschütze. Das Schlimmste aber: es gibt kaum Sanitäter, die Verwundeten sind sich selber überlassen. Niemand sorgt für sie, wenn sie als Invaliden irgendwie wieder nach Hause kommen.

Im mährischen Schloss Nikolsburg kommt es zu Waffenstillstands- und Friedensgesprächen und zu heftigen Auseinandersetzungen zwischen Bismarck und König Wilhelm. Der König möchte – von seinen Generalen dazu ermuntert - in Wien einmarschieren, Bismarck ist dagegen und plädiert für einen maßvollen Frieden. Die Auseinandersetzungen überschreiten alles bis dahin Gewohnte und werfen die Kontrahenten sogar auf das Krankenlager. Der Kronprinz muss vermitteln und stellt sich auf die Seite Bismarcks. Seiner Frau schreibt er: „Ich muss sagen, dass Bismarck in dieser Frage ganz korrekt handelt und ich ihm eine wesentliche Stütze leiste – es ist die umgekehrte Welt. Seit den drei letzten Tagen hat ihm Papa solche Dinge gesagt, dass er gestern Abend geweint hat und sich ordentlich scheute, wieder hinzugehen. Ich hatte mithin beide zu beruhigen."

Dabei kann König Wilhelm mit dem Ergebnis des späteren Friedensvertrages mehr als zufrieden sein. Österreich verzichtet auf die Herzogtümer Schleswig-Holstein, willigt in die Auflösung des Deutschen Bundes ein und stimmt der Neugründung des Norddeutschen Bundes unter Preußens Führung zu. Preußen erhält freie Hand zur Annexion des Königreichs Hannover, einschließlich des Staatsschatzes, des Kurfürstentums Hessen, des Herzogtums Hessen-Nassau und der Freien Stadt Frankfurt. Österreich selbst wird bis auf die Abtretung Veneziens geschont, muss vor allem keine Kriegsentschädigung zahlen. Preußen hat einen glänzenden Sieg errungen, der aber vor allem den Franzosen nicht gefällt. Sie haben sich neutral verhalten und erwarten dafür eine Belohnung, die Bismarck im Vorfeld auch im Rheinland in Aussicht gestellt hat, später aber nicht einlöst. Die Verstimmung in Frankreich ist ihm recht, denn was kaum jemand annimmt, ist Bismarcks Strategie. Die wendet sich jetzt gegen Frankreich. In England ist man über die Annexion Hannovers empört, was vor allem der Kronprinz und Victoria zu hören bekommen. Das alles interessiert Bismarck aber schon nicht mehr, der sich bereits neuen, noch weiter reichenden Zielen zuwendet: Frankreich.

Indemnität, Gründung des Norddeutschen Bundes und des Zollvereins

Die Zeit nach Königgrätz ist bestimmt von einem radikalen Stimmungsumschwung in Preußen und in Deutschland. König Wilhelm wird jetzt als großer Feldherr gerühmt, Bismarck als genialer Politiker bewundert und der Kronprinz, ebenfalls für sein kriegsentscheidendes Eingreifen verehrt, geht auf Reisen nach Italien und erntet die Früchte des Bismarckschen Versprechens, Venetien an Italien abzutreten. In Berlin gibt es eine gewaltige Siegesparade und der bisher auf Konfrontationskurs befindliche Landtag ist neu gewählt und orientiert sich nach den beiden erfolgreichen Kriegen jetzt neu. Die Konservativen sind gestärkt und bringen in den Landtag ein Indemnitätsgesetz ein, mit dem der Verfassungsbruch Bismarcks nachträglich gebilligt werden soll. Manche Politiker schlagen sich mit peinlicher Anbiederung auf die Seite der Sieger, allerdings nicht alle.

Aus dem Zerfall der Fortschrittspartei bilden sich die Nationalliberalen, die fortan die Bismarcksche Politik unterstützen und große Sympathie für den Kronprinzen haben, was Bismarck nutzt. König Wilhelm sieht die Rolle seines Sohnes ganz anders. Ein preußischer Kronprinz hat sich – so, wie er selber es als Kronprinz immer gehalten hat – aus der Politik ganz heraus zu halten. Nur das Militärische ist wichtig, manchmal auch etwas Repräsentation, mehr aber nicht. Was aus politischer Einmischung zu erwarten ist, hat sich in der Danziger Erklärung gezeigt. Das soll sich ni9cht wiederholen.

Am 3. September 1866 wird das Indemnitätsgesetz mit großer Mehrheit verabschiedet. Bismarck zeigt einsichtige Reue, der Kronprinz ist erleichtert, die Regierung wieder auf dem Boden der Verfassung zu sehen und König Wilhelm I. bleibt ablehnend. Für ihn „hat die Regierung zwar ungesetzlich, aber den Umständen gemäß richtig gehandelt.“ Diese Auffassung des Königs wird sich nicht mehr ändern, bleibt aber bedeutungslos. Für die Parlamentarier ist es ein Erfolg, dass die Regierung mit Annahme des Indemnitätsgesetzes den Verfassungsbruch nachträglich zugegen hat.

Am 18. August 1866 wird der Gründungsvertrag des Norddeutschen Bundes geschlossen, eine Erfindung Bismarcks. Dabei handelt es sich um einen Bundesstaat der norddeutschen Länder unter der Führung Preußens. Es gibt einen frei gewählten Reichstag, einen Bundeskanzler – natürlich Bismarck - einen Bundesrat, als Exekutive und einen Bundespräsidenten, den König von Preußen. König Wilhelm ist das alles suspekt. Er sieht Gefahren für sein geliebtes Preußen und wittert den erneuten Versuch einer parlamentarischen Monarchie. Dieses Gebilde ist der Vorläufer des späteren Kaiserreichs. Die Süddeutschen Länder werden später in einer Zollunion eingebunden, der letzte Schritt wird der Beitritt zu einem Deutschen Reich sein. Auch diese Zollunion hat ein Zollparlament, einen Zollbundesrat, den Bismarck dominiert, und einen Zollbundespräsidenten, den preußischen König, der all diese Ämter nur noch mit Kopfschütteln hinnimmt. Die Strategie Bismarcks dahinter ist ihm klar und er muss sie hinnehmen, wenn auch nicht akzeptieren.

Möglicherweise, um das Kronprinzenpaar zu beschäftigen, schenkt Wilhelm ihnen das Krongut Bornstedt, ein an einem See gelegenes Rittergut, mit einem Herrenhaus in italienischem Stil, Wirtschaftsgebäuden, einem Dorf, einer Kirche, einer Schule und Bediensteten. Das Kronprinzenpaar ist beglückt und widmet sich fortan der Land- und Viehwirtschaft. Bismarck krönt dieses Glück, indem er den Kronprinzen zum Botschafter für die Süddeutschen Länder ernennt, wo der schon ein hohes Ansehen genießt.

Im November 1869 geht der Kronprinz auf Reisen. Er soll Preußen bei der Eröffnung des Suezkanals vertreten, was König Wilhelm, schon aus Kostengründen, gar nicht gefällt. Mit einem Geschwader von Kriegsschiffen des Norddeutschen Bundes sticht er in See. Es geht über Korfu, Korinth, Athen, Konstantinopel und Jerusalem nach Port Said. Kairo und die Tempel am Nil gehören zum Reiseprogramm, natürlich auch die Pyramiden von Gizeh. Gerüchte um Lustbarkeiten in Ägypten kommen auf. Nichts davon ist bewiesen.

Vorbereitung eines weiteren Krieges

In der Mitte des 19. Jahrhunderts verstehen monarchische Länder Politik als Mittel zur Durchsetzung nationaler Interessen. Diese finden sich in einer Zeit, die keinen Status Quo kennt oder anerkennt zu Hauf: Ausdehnung des eigenen Territoriums und der Bevölkerungszahl, Okkupation industriell bedeutsamer Gebiete; damit einhergehend: Zuwachs an Macht, Sicherung des nationalen, monarchischen Herrschaftsanspruchs und Lebensstils; vor allem: Abwehr revolutionärer Bewegungen, die sich seit der Französischen Revolution 1789 scheinbar seuchenartig ausbreiten und die „gottgewollten“

Dynastien bedrohen; Zugewinn außereuropäischer Kolonien, zur Ausbeutung der Ressourcen unterworfener Länder in der ganzen Welt; Weltmachtfantasien und das Fehlen jeglicher Moral in politischen Zielsetzungen. Dabei braucht gar nicht mehr erwähnt zu werden, dass Krieg zum selbstverständlichen Mittel der Durchsetzung nationaler Interessen zählt. Auf dieser Basis bewegt sich auch die preußische Politik, insbesondere die Bismarcks. Man kann gar nicht anders, da ein Nachlassen unweigerlich zur eigenen Schwächung und womöglich zum Untergang führen müsste. So glaubt man jedenfalls.

Daher gehört nach der Niederwerfung Österreichs und eines Teils der kleineren deutschen Länder, die Schwächung Frankreichs jetzt auf die politische Agenda Bismarcks. Gründe, so vorzugehen, ergeben sich im Mächtespiel nahezu zwangsläufig. Seit 1867 geht es um Luxemburg, einer hauptstädtischen Festung, mit Holland in Personalunion verbunden, dem Deutschen Bund angehörig und zu seinem Schutz, Preußische Garnison. Holland will Luxemburg an Frankreich verkaufen, dass sich im Krieg gegen Österreich neutral verhalten hat und sich um eine in Aussicht gestellte Kriegsbeute von Preußen betrogen fühlt. Luxemburg passt auch zu den Begehrlichkeiten Frankreichs, das auch Belgien gerne einverleiben würde. Es kommt zum großen Krach, der in einer Londoner Konferenz am 9. September 1867 vertraglich beendet wird. Luxemburg bleibt frei, Preußen zieht seine Truppen ab und die Signatarmächte garantieren die Unabhängigkeit Luxemburgs. Das wird natürlich von Frankreich wieder als Niederlage empfunden. Nationalistische Gefühle gegen Preußen werden aufgeheizt. Es geht jetzt um „Rache für Sadowa", wie die Franzosen Königgrätz nennen.

Für Bismarck entwickelt sich der Nährboden seiner politischen Ziele optimal. Hauptziel ist eine Einigung der deutschen Länder unter preußischer Führung, was Frankreich niemals akzeptieren würde. Also muss Frankreich ausgeschaltet werden, damit das Einigungswerk gelingen kann. Jetzt kommt es nur noch darauf an, Frankreich so weit zu bringen, dass es Preußen den Krieg erklärt.

Der Kronprinz und Victoria haben dazu natürlich eine Einstellung, die von Victoria in langen Briefen an ihre Mutter nach England erklärt wird. Sie schreibt: „Ein Kampf mit Frankreich wird wohl etwas anderes sein als ein solcher mit Österreich, aber wenn unsere Ehre auf dem Spiel steht, dürfen wir zu Deutschlands Heil nicht zurückstehen.... Doch glaube ich, das große vereinigte Kaiserreich Deutschlands wird sich niemals in Frieden von selbst bilden können, bevor Frankreich nicht auf dem Festlande zu einer zweitrangigen Macht herabgedrückt ist.“ Dieser Brief ist äußerst aufschlussreich. Er beweist zum einen, dass ein nationales Ziel des Deutschen Kaiserreichs längst in den Köpfen auch des Kronprinzenpaars verankert ist. Zum anderen unterstreicht er deutlich das eingangs dargestellte, völlig amoralische monarchische Denken der Zeit. Man kann nicht anders. Dass ein solcher Krieg gegen Frankreich Zigtausende von Menschenleben auf beiden Seiten kosten wird, ist im monarchischen Denken vollkommen ausgeschaltet. Erwähnt wird nur die Ehre und gemeint ist die Ehre der Monarchie, genauer: die Ehre Preußens. Dieses Denken wird sich noch fast bis in die Mitte des 20. Jahrhunderts fortsetzen und fast zum Untergang Europas führen.

Bismarck verfolgt seine Ziele konsequent und beobachtet das

internationale Geschehen sehr genau. Dabei entgeht ihm nicht, dass Napoleon III., der französische Kaiser, große innenpolitische Schwierigkeiten hat. Es geht in Frankreich um wirtschaftliche und soziale Probleme, die er mit außenpolitischem Handeln zu kompensieren versucht. Mit dem gedemütigten Österreich und Italien bemüht er sich um ein Dreierbündnis, vor allem um den Anschluss der süddeutschen Staaten an den Norddeutschen Bund zu verhindern. Franz Josef, der österreichische Kaiser, möchte einen Krieg um Süddeutschland vermeiden und das Bündnis kommt nicht zustande, auch deshalb nicht, weil Bismarck einen Beitritt Badens, um keinen weiteren Grund zu liefern, vorerst abgelehnt hat.

Es bedarf somit eines anderen Grundes für Frankreich, um gegen Preußen vorzugehen. Der findet sich im fernen Spanien. Der spanische Thron ist seit 1866 vakant und der Erbprinz Leopold von Hohenzollern-Sigmaringen bewirbt sich um die Thronfolge. Unter Dynastien ist das nichts außergewöhnliches, aber Frankreich will sich jetzt aufregen. Der französische Außenminister, Herzog Antoine von Gramont, erklärt vor dem französischen Parlament: „Wir glauben nicht, dass die Achtung vor den Rechten eines Nachbarlandes uns verpflichtet, zu dulden, dass eine fremde Macht, indem sie einen ihrer Prinzen auf den Thron Karls V. setzt, dadurch zu ihrem Vorteil das gegenwärtige Gleichgewicht der Mächte Europas stören und so die Interessen und die Ehre Frankreichs gefährden könnte... wir hoffen, dass diese Eventualität sich nicht verwirklichen wird. Wenn es anders kommen sollte, so würden wir … unsere Pflicht ohne Zaudern und ohne Schwäche zu erfüllen wissen."
Da ist sie wieder, die „Ehre", diesmal ist es die französische Ehre. Gramont droht offen mit einem Krieg. Auch hier spielen

die Folgen ganz offensichtlich keine Rolle.

Der preußische König Wilhelm hat mit all dem nicht das Geringste zu tun, wird aber ungewollt zum Hauptakteur der Angelegenheit gemacht. Kronprinz Friedrich Wilhelm hat schon in dieser Sache seine Fäden gesponnen, vorbei an seinem Vater. Er befürwortet die Kandidatur seines entfernten Verwandten, wohl auch aus Großmachtfantasien. Man stelle sich nur vor: Preußen an der Spitze eines noch zu schaffenden Kaiserreichs mit ihm als Kaiser und Leopold von Hohenzollern-Sigmaringen auf dem spanischen Thron Karl V. Die Hohenzollern würden über ein Weltreich verfügen. Die Sache scheint sich aber zu erledigen, da Leopold am 11. Juli 1870 seine Kandidatur zurückzieht und alles wäre wieder in Ordnung. Irrtum!

Nicht so in Frankreich. Man will jetzt, dass der König von Preußen sich für den Vorgang entschuldigt und ein für allemal erklärt, dass sich so etwas Ungeheuerliches niemals wiederholt. Wilhelm weiß gar nicht, wie ihm geschieht. Er ist als Oberhaupt der Hohenzollernzweige zwar nicht gegen Kandidaturen der Prinzen, hat in diesem Fall aber abgeraten. Ansonsten hat er überhaupt keinen Einfluss auf die Sigmaringer und ist sich zu Recht auch keiner Schuld bewusst. Jetzt soll er sich auch noch entschuldigen? Der französische Botschafter in Berlin, Graf Benedetti, wird eigens dazu beim König vorstellig. Wilhelm weißt das Ansinnen brüsk zurück und hat von all dem erst einmal genug. Er begibt sich, wie jedes Jahr, zu einer Kur nach Bad Ems, „zum Grasen“, wie der Pferdeliebhaber es zu nennen pflegt. Bismarck nutzt diese Gelegenheit, um sich auch auf sein Gut nach Varzin in Hinterpommern zurückzuziehen. Er macht das regelmäßig, zum Teil monatelang, und lässt sich über wichtige Ereignisse von seinem Vertreter in Berlin berichten. Der Kaiser in Bad Ems und Bismarck in Varzin, mehr Frieden geht eigentlich nicht, sollte man meinen.

König Wilhelm genießt die „Zeit des Grasens“ in Bad Ems. Der König lebt bescheiden und unprätentiös. Damen lässt er prinzipiell den Vortritt bei der täglichen Verabreichung des Gesundheitswassers in der Wandelhalle. Er genießt auch seine Spaziergänge auf der Kurpromenade, wo er am 13. Juli 1870 vom eigens angereisten französischen Botschafter angesprochen wird. Es geht dem Botschafter um die von Kaiser Napoleon III. geforderte Erklärung durch den Preußischen König. Wilhelm erklärt dem Botschafter ruhig aber bestimmt, dass er die gewünschte Erklärung niemals abgeben werde und er jedes weitere Gespräch darüber ablehne. Der Botschafter entfernt sich leicht indigniert.

Im Anschluss beauftragt Wilhelm, den Geheimen Legationsrat Heinrich Abeken, über das Gespräch einen Vermerk zu fertigen und als Telegramm an Bismarck zu senden, die Emser Depesche. Selten hatte eine Dokument eine solche Wirkung. Die Depesche erreicht Bismarck, der mit Roon und Moltke in Berlin zu Hause den Abend verbringt. Für Bismarck ist das Verhalten des Botschafters eine Unverschämtheit und er beginnt mit viel Fantasie das Schriftstück durch Weglassungen so zu verändern, das der Leser einen Eindruck gewinnen muss, es handele sich um eine Provokation und der Preußische König habe dem französischen Botschafter eine Abfuhr erteilt. Der letzte Satz lautet: „Seine Majestät, der König, hat es abgelehnt, den französischen Botschafter nochmals zu empfangen und demselben sagen lassen, dass Seine Majestät dem Botschafter nichts weiter mitzuteilen habe."

Diese gekürzte Form wird sofort an die Presse und alle preußischen Gesandten gegeben und erscheint am nächsten Tag auf den Titelseiten der deutschen Presse. Es entsteht der Eindruck, mit dem König wäre ganz Preußen beleidigt worden und der König hätte dem Botschafter Benedetti eine gehörige Abfuhr erteilt. Genau das hat Bismarck gewollt und in Paris reagiert man empört. Die Pariser Abendblätter schreien nach Vergeltung und Frankreich erklärt am 15. Juli 1870 Preußen den Krieg. Sofortige Mobilmachung wird angeordnet. Das Ziel wird ausgegeben, am 15. August, dem Geburtstag Kaiser Napoleons III., wolle man in Berlin sein. Der Krieg, den Bismarck herbeiführen wollte, ist da. Sollte in Frankreich allerdings die Meinung vorherrschen, man besitze die Initiative, so befindet man sich in einem schwerwiegenden Irrtum. Dem preußischen König geht es allerdings auch nicht anders. Die Initiative liegt ausschließlich bei einem Politiker: Bismarck.

Der französisch deutsche Krieg

Die Bezeichnung ist korrekt, da Frankreich Preußen den Krieg erklärt hat und auch vor der Weltöffentlichkeit jetzt als Aggressor dasteht. Genau das hat Bismarck gewollt. König Wilhelm kehrt sofort nach Berlin zurück und wird ab Brandenburg vom Kronprinzen, Bismarck, Roon und Moltke im Zug begleitet. In Berlin wird er stürmisch von der Bevölkerung gefeiert. Was soll man von dem Verhalten der Menschen halten, die sich über einen bevorstehenden Krieg freuen, obwohl sie doch die Folgen von zwei Kriegen noch frisch in Erinnerung haben und doch wissen müssten, dass jeder Krieg nur Verlierer kennt? Des Volkes Meinung scheint manipulierbar zu sein: durch die Haltung der Eliten und politischen Führer, besonders aber durch die Presse, heute muss man wohl sagen, durch die Medien.

Der König und seine Berater müssen schnell entscheiden. Während Wilhelm noch an eine Teilmobilmachung denkt, rät der Kronprinz: „Nein, dann doch gleich das Ganze." Von dem Augenblick hingerissen, stürmt er vor das wartende Volk und ruft: „Krieg und alles mobil!" Das Bundesheer des Norddeutschen Bundes wird sofort unter preußischer Führung mobil gemacht. Jetzt geht es gegen den Erbfeind Frankreich. Das Ziel ist das ganze Deutschland. Die Stimmung ist gut. Bismarcks Manipulation hat den Boden bereitet. Der Kronprinz ist begeistert. Zu seinem Sohn Wilhelm sagt er: „Wenn wir siegen, wird der König von Preußen Kaiser." Was er nicht sagt, aber meint ist: „Und ich und du auch!"

Den Aufmarschplan hat Moltke schon längst nach modernsten Gesichtspunkten entwickelt. Generalstabsmäßig werden Eisenbahntransporte ganzer Armeekorps mit ihren schweren Waffen in kürzester Zeit vorgenommen. Telegrafie spielt eine große Rolle. Die Preußen sind schneller vor Frankreich, als diese überhaupt erwarten können. Die Planungen sind so präzise, dass König Wilhelm in Ruhe seine Sachen packen kann, um ohne Hast zum Hauptquartier zu reisen. Zu seinem Adjutanten meint er zufrieden:: „Die Vorbereitungen sind so perfekt, dass jeder Ochse weiß, wann er wo in welchem Kochgeschirr zu sein hat."

Aufgestellt werden drei Armeen: Die 1. Armee unter General Steinmetz in Koblenz, die 2. Armee in Mainz unter Prinz Friedrich Karl, dem Vetter des Kronprinzen, die 3. Armee in

Mannheim unter dem Kronprinzen Friedrich Wilhelm, „unser Fritz“ sagen die Soldaten. Dieser Armee gehören auch die Bayern, Württemberger und Badener an, bei denen der Kronprinz einen guten Ruf hat. Die Preußen fackeln nicht lange. Sie dringen sofort in Frankreich ein und erzielen spektakuläre Erfolge, während sich die Franzosen noch sortieren.

Die Armee des Kronprinzen stürmt die Festung Weißenburg, kurz darauf wird stürmisch bei Wörth im Elsass angegriffen und gesiegt. Aber die Verluste von über 9.000 Mann und 289 Offizieren sind zu hoch, wie Moltke kritisch feststellt. Die Überlegenheit der französischen Chassepotgewehre zeigt sich hier zum ersten Mal auf dem Gefechtsfeld. Später werden durch koordinierten Einsatz, unter Vorbereitung der Angriffe durch überlegene preußische Artillerie, die Verluste geringer. Dennoch bleiben sie hoch. Der ebenfalls stürmische General von Kameke verliert durch übereiltes Vorgehen über 4.000 Soldaten und 223 Offiziere. König Wilhelm folgt der Armee und besichtigt in Saarbrücken zum ersten mal „nach Tisch“ ein Schlachtfeld, wo er Grausiges zu sehen bekommt: Zertrümmerte Waffen, zerrissene Uniformen, Tote und Verwundete überall. Gefangene französische Offiziere berichten ihm, sie hätten die schnelle Niederlage nicht für möglich gehalten, hätten aber noch nirgendwo gegen einen solchen Gegner gekämpft. Der dreiundsiebzigjährige König ist mit dem schnellen Vormarsch seiner Armeen und des Hauptquartiers ständig unterwegs, bei Regen und Sturm, bei Hitze, Kälte und elendem Schmutz. Auch der Kronprinz erträgt das einfache Soldatenleben, das er mit seinen Männern teilt und das sie ihm hoch anrechnen. Ein preußischer Monarch muss eben auch ein preußischer Soldat sein.

Zusammen mit General Moltke verfolgt der König zu Pferde die Schlacht um St. Privat, einer nahezu uneinnehmbar erscheinenden Festung. Statt auf eine ausreichende Artillerievorbereitung zu warten, stürmt der General der Kavallerie, Prinz August von Württemberg, mit dem Gardekorps direkt in das französische Sperrfeuer. Dieser völlig wahnsinnige Angriff kostet in wenigen Stunden 307 Offiziere und 7.923 Soldaten. „Nur Faust, ohne Kopf und dennoch siegen wir!“ bemerkt der ebenfalls anwesende Bismarck. Hier zeigt sich, dass man von jahrelang auf absoluten Gehorsam gedrillten Soldaten auch das Unmögliche verlangen kann, zumal dann, wenn die Offiziere immer vorweg stürmen.

Die Festung Metz wird belagert, aber noch nicht angegriffen und eher zufällig entscheidet man sich, auf die eher zweitrangige Festung Sedan umzuschwenken. Was man nicht ahnt ist, dass sich dort 130.000 französische Soldaten befinden und mitten unter ihnen, Kaiser Napoleon III. Die Preußen schließen Sedan mit 250.000 Mann ein und nehmen die Festung mit 71 Batterien unter Beschuss. Moltke leitet das Gefecht. Die Franzosen werden auf einem Gebiet von nur drei Quadratkilometern aus sicherer Entfernung regelrecht zusammengeschossen. Nachdem auch ein Ausfallversuch der französischen Kavallerie im Feuerhagel kläglich scheitert, hat König Wilhelm Mitleid und lässt das Feuer einstellen. Er lässt den Eingeschlossenen die Kapitulation anbieten und erfährt, dass Kaiser Napoleon in der Festung ist.

Um 18.30 Uhr kommen drei Reiter mit einer weißen Fahne, darunter der kaiserliche Adjutant, General Reille, der ein versiegeltes Schreiben übergibt. Kaiser Napoleon schreibt: „Mein Bruder! Da es mir nicht vergönnt war, in der Mitte meiner Truppen zu sterben, so bleibt mir nichts übrig, als meinen Degen in die Hände Eurer Majestät zu legen." Wilhelm antwortet: „Mein Bruder! Indem ich die Umstände, unter denen wir uns begegnen, bedaure, nehme ich den Degen Eurer Majestät an und bitte Sie, einen Offizier zu bevollmächtigen, um über die Kapitulation der Armee zu verhandeln, welche sich so tapfer unter Ihrem Befehl geschlagen hat. Meinerseits habe ich den General von Moltke hierzu bestimmt."

Nachdem die drei Reiter sich wieder auf den Weg zur Festung machen, fallen sich Vater und Sohn um den Hals. Sie wissen, dass der Krieg für Frankreich verloren ist. Kaiser Napoleon wird auf das Schloss Wilhelmshöhe bei Kassel gebracht, über 100.000 französische Soldaten gehen in Gefangenschaft. Dem endgültigen Sieg steht nur noch Paris im Wege.

Paris, das letzte Hindernis

Der Krieg gegen Frankreich ist gewonnen, die Festung Paris aber noch nicht genommen. Man rückt auf die Hauptstadt vor, sieht sich aber einer nahezu unbezwingbaren Festung gegenüber, in der man gar nicht daran denkt, die Stadt zu übergeben. Bismarck ahnt Böses, wenn er den Diskussionen im Generalstab folgt. Dort sieht man zwei mögliche Vorgehensweisen: eine Belagerung und Aushungerung von unbestimmter Dauer oder einen massiven Artilleriebeschuss mit allen Konsequenzen für die Eingeschlossenen.

Man hat, anders als bei Königgrätz dieses Mal den Einfluss Bismarcks auf militärische Entscheidungen zurückgedrängt, was der aber natürlich nicht akzeptiert. Für Bismarck ist die

Frage des weiteren Vorgehens vor allem eine politische Frage von höchster Bedeutung. Eine endlose Belagerung nimmt der Operation jeden Schwung und wird auch die Einstellung der sich noch neutral verhaltenden Staaten zunehmend ändern. Man verliert die Initiative. Die Sache muss daher so schnell, wie möglich zu Ende gebracht werden, bevor sich die anderen Staaten überhaupt einmischen können und sich Restfrankreich erholt und erneut eine Armee aufstellen kann. Das heißt aber Beschuss. Geschütze und Munition müssen herangeschafft werden. Das Geschrei der Weltöffentlichkeit wird groß sein, das der Königin und Kronprinzessin ohnehin, aber darauf kann keine Rücksicht genommen werden. Die Eingeschlossenen haben es in der Hand, jederzeit zu kapitulieren. So wird auch entschieden, obwohl der König und Kronprinz noch Bedenken haben. Roon, Bismarck und schließlich Moltke geben den Ausschlag.

Den Weihnachtsabend feiert man noch besinnlich in Versailles mit Weihnachtsbaum, Pfefferkuchen und Punsch, bevor über Paris die Hölle hereinbricht. Prinz Kraft zu Hohenlohe-Dingelfingen übernimmt die Leitung des Artilleriefeuers mit 240 Geschützen und hat den Auftrag: „Machen Sie Feuer dahinter, damit es knallt, und zwar dalli!“ Paris wird noch mit dort stationierten und aufgenommenen versprengten Truppen mit etwa 350.000 Mann verteidigt. Man hat in der Stadt das Kaiserreich abgeschafft und die 3. Republik ausgerufen.

Belagerungskrieg gehört nicht zu den Stärken der preußischen Armee, die regelmäßigen Ausbruchsversuche der französischen Armee werden dagegen mühelos zurückgeschlagen. Eine an der Loire neu aufgestellte Armee, die Paris entsetzen soll, wird vernichtend geschlagen und der Artillerieschuss mit täglich 300 bis 400 Granaten zwingt die Belagerten schließlich, die Hoffnungslosigkeit ihrer Lage einzusehen und um Waffenstillstand zu bitten. Am 28. Januar 1871 wird der Beschuss eingestellt, der Krieg ist für Frankreich endgültig verloren.

Der Kronprinz bringt seine Gedanken dazu in seinem Tagebuch zum Ausdruck. Er beklagt, dass trotz des Erfolges, Preußen jetzt nicht mehr als der Angegriffene gesehen wird, sondern als der übermütige Sieger. „Man wird uns nicht mehr als das Volk der Dichter und Philosophen sehen, sondern als Eroberer und Zerstörer.“ Er kommt zu dem durchaus nachvollziehbaren Schluss: „So weit hat uns die von Bismarck erfundene und seit Jahren in Szene gesetzte Theorie von Blut und Eisen gebracht. Bismarck hat uns groß und mächtig gemacht, aber er raubte uns unsere Freunde, die Sympathien der Welt und unser gutes Gewissen.“

Gründung des Deutschen Kaiserreiches am 18. Januar 1871

Ungeachtet der noch laufenden kriegerischen Maßnahmen um Paris, hat Bismarck bereits den nächsten, diesmal historischen Schritt, vorbereitet. Am 1. Januar 1871 tritt die neue Bundesverfassung in Kraft. Diesmal gehören alle am Krieg teilnehmenden deutschen Staaten dazu, auch Bayern. König Ludwig hält sich in München auf, mag weder den Krieg, noch die Preußen. Dennoch unterzeichnet er eine von Bismarck entworfene Schrift an den preußischen König, in der Wilhelm gebeten wird, die Rolle des Deutschen Kaisers zu übernehmen. Dieser Schritt wird ihm erleichtert, indem Bismarck ihn mit viel Geld aus dem requirierten hannoverschen Staatsschatz, dem sogenannten Reptilienfonds, besticht. Ludwig braucht viel Geld für den Bau seiner Schlösser und Bismarck weiß das.

So kommt es zum Endkampf um die Gründung des Deutschen Reichs in Versailles. Wer annimmt, König Wilhelm wäre darüber erfreut, täuscht sich gewaltig. Wilhelm denkt gar nicht daran, diese Kaiserkrone, als Produkt einer Verfassung anzunehmen. Er müsste ja seine über alles geliebte preußische Königswürde von Gottes Gnaden dafür hergeben. Bismarck macht ihm, zusammen mit dem Kronprinzen, der für ein neues Kaiserreich schon begeistert ist, klar, dass er die preußische Krone ja behält und zusätzlich Deutscher Kaiser wäre. Wieder denkt Wilhelm, von allem schon ermüdet, daran: „Dann soll Fritz das machen!"

Tage- und Nächtelang schließt man sich ein, fliegen die Türen und Worte, fließen Tränen. Am Ende sagt Wilhelm resigniert: „Also wiederum verschwören sich die Verhängnisse um mich, und drängen mich zu etwas, was ich nur schweren Herzens annehmen kann und dennoch nicht mehr ausschlagen darf." Zumindest die Bezeichnung lehnt er ab. Er möchte nicht „Deutscher Kaiser" sein, sondern „Kaiser von Deutschland". Der verzweifelte Bismarck macht ihm klar, dass das nun wiederum eine Verfassungsänderung bedeuten würde. Dann fordert Wilhelm, dass in der Ansprache zumindest der König von Preußen vorangestellt werden müsste, um den Kaiser dem König unterzuordnen. Auch das redet Bismarck ihm aus: „Majestät, der Titel, den Sie künftig tragen, ergibt sich aus der Verfassung und der ist sehr schön. Er lautet: Wir, Wilhelm von Gottes Gnaden Deutscher Kaiser, König von Preußen. Und die Anrede wird lauten: Ew. Kaiserliche und Königliche Majestät. Da ist doch alles drin." Wilhelm gibt auf, zieht sich zurück, spricht mit Bismarck kein Wort mehr, und erwartet die Kaiserproklamation am nächsten Tag wie eine Hinrichtung. Er fühlt sich, wie ein Fahnenflüchtiger, wird er später zum Kronprinzen sagen.

Der 18. Januar 1871 ist auch aus preußischer Sicht ein historischer Tag. Vor 170 Jahren hat sich der Kurfürst von Brandenburg, Friedrich, in Königsberg zum König in Preußen gekrönt. Das „in“ wurde in den Folgejahren unauffällig in „von“ verändert. Heute also die Kaiserkrönung, die der Kronprinz liebevoll arrangiert. Preußische Feldzeichen und Standarte, das Garderegiment und preußische Militärmusik verschönern dem Vater das Fest. König Wilhelm trägt die Uniform des 1. Garde Regiments zu Fuß und den Schwarzen Adlerorden mit der Namenschiffre F.R., Fridericus Rex. Ein Spalier von Soldaten ist in der Auffahrt zum Spiegelsaal aufgestellt. Im Schlosshof schreitet Wilhelm die Front der Ehrenwache seines Grenadierregiments Nr. 7 ab, bleibt vor der bei Weißenburg zerschossenen Fahne stehen und mahnt den Fahnenunteroffizier: „Halte sie ja immer hoch.“

Um 12 Uhr betritt er den mit Fürsten, Prinzen, Generälen und Abordnungen gefüllten Spiegelsaal. Ein Soldatenchor intoniert den 66. Psalm: „Dank gegen Gott für die wunderbare Führung seines Volkes.“ Den Helm unter dem linken Arm, die Pickelhaube an der Spitze gefasst, tritt er an einen eigens aufgestellten Altar heran. Der Hofprediger Rogge findet erbauliche Worte, die den Soldaten Wilhelm berühren. Dann betritt Wilhelm eine mit Fahnen und Standarten überfüllte Bretterbühne, wo er sich offensichtlich zu Hause fühlt. Er verliest eine von Bismarck verfasste Ansprache: „Durchlauchigste Fürsten und Bundesgenossen, ich leiste dankend ihrer Aufforderung Folge, mit Wiederherstellung des Deutschen Reiches die Deutsche Kaiserwürde für mich und meine Nachfolger an der Krone Preußens zu übernehmen."

Bismarck, heute zum Generalleutnant befördert, tritt aus dem Halbkreis der Fürsten und verkündet offiziell den Entschluss Wilhelms von Gottes Gnaden König von Preußen, „kund und zu wissen". Wilhelm wird später die Anzugordnung Bismarcks bemängeln. Irgendein Knopf sitzt nicht korrekt. Wilhelms Schwiegersohn, Großherzog Friedrich von Baden, übernimmt als Dienstältester der Fürsten das Wort. Er umgeht geschickt die Titelfrage und ruft: „Seine Kaiserliche und Königliche Majestät, Kaiser Wilhelm, lebe Hoch! Hoch! Hoch!" Ein dreimaliges Donnergetöse und Waffenklirren sind die Antwort. Vor dem Schloss intoniert die Militärkapelle: „Heil Dir im Siegerkranz!" Wilhelm verhindert vorsichtig einen Kniefall des Kronprinzen, wischt sich mit dem Handschuh eine Träne aus dem Auge. Das Deutsche Reich ist gegründet. Mit Bismarck spricht er in den nächsten Tagen kein Wort mehr.

Ob allen Anwesenden bewusst ist, was hier heute passiert ist? Deutschland ist jetzt zum ersten Mal in der Geschichte vereint. Ein Traum vieler Patrioten geht in Erfüllung. Neben den bestehenden Großmächten, Frankreich, Russland, England und Österreich, wird es künftig eine weitere Großmacht Deutschland geben. Mitten in Europa gelegen und von beeindruckender Größe und Stärke.

Aber auch etwas anderes ist geschehen. Das neu gegründete Deutsche Reich wird auf der Grundlage zweier besiegter Großmächte – Frankreich und Österreich – mit Duldung von England und Russland gegründet. Dass die Proklamation in Paris und dann auch noch in Versailles vorgenommen wird, kommt einer außerordentlichen Demütigung Frankreichs gleich, ja einer Provokation. Zudem hat Frankreich per Diktat Gebiete an Deutschland abgeben müssen, etwa Elsass, Teile Lothringens und die Festung Metz. Frankreich wird das nie akzeptieren und muss auch noch Kriegsentschädigung in Höhe von 5 Milliarden Francs innerhalb von 3 Jahren zahlen. Ist damit der Grundstein für weitere Feindschaft und Vergeltung gelegt? Die Geschichte wird zeigen, dass dies so ist. Es wird weitere Kriege geben, auch wenn Wilhelm und Bismarck das nicht wollen. Auf die Politik der nachfolgenden Generationen haben sie keinen Einfluss mehr.

Kronprinz Friedrich Wilhelm ist aber noch euphorisch und äußert sich: „Möge das Deutsche Reich eine Bürgschaft für den dauernden Frieden der Welt geben. … Ich bin davon überzeugt, dass nur eine neue Zeit, die einst mit mir rechnet, solches erleben wird.“ Diese Zeit wird noch 17 Jahre entfernt sein und ihm nahezu den Glauben an eine Thronfolge rauben.

Sein Vater - jetzt Kaiser Wilhelm - genießt die kommenden Jahre seines Triumphs in vollen Zügen. Er ist jetzt ein historischer Kaiser und wohin er kommt, jubelt man ihm zu. Bismarck - jetzt zum Fürsten erhoben - ist stiller Genießer des Erfolgs. Er weiß um seine Verdienste und sieht seine Kritiker kleinlaut werden. Den Kaiser weiß er zu nehmen. Bismarck bestimmt die Politik und überlässt es dem Monarchen, nach außen zu repräsentieren. Der Kronprinz wird aus der Politik heraus gehalten und erhält gelegentlich repräsentative Aufgaben. Auch lässt er sich im Bedarfsfall gegen den Kaiser in Stellung bringen. Bismarck weiß, dass Friedrich Wilhelm der nächste Monarch sein wird. Bis dahin muss er sich aber gedulden.

Bornstedt und soziales Engagement

Der Kronprinz ist populär und wird als Kriegsheld zu recht gefeiert. Politisch hat er aber nichts zu sagen. Er muss sich öffentlich aus allem heraushalten. In seiner Uniform eines Generalfeldarmschalls mit allen Orden und Ehrenzeichen blendend aussehend, umgibt ihn eine Aura des Kriegshelden und Thronfolgers. Privat führt er ein vorbildliches Familienleben nach Art der Gartenlaube. Finanziell hält ihn der Vater dagegen knapp. Eigenes Vermögen hat er kaum und mit der Rente von Victoria aus England kommt man gerade so über die Runden. Eine angemessene Hofhaltung eines Hohenzollern ist das nicht.

Die Lage bessert sich etwas, nachdem der Kronprinz das Krongut Bornstedt bei Potsdam zum Geschenk erhält. Dabei handelt es sich um ein Rittergut mit einem Dorf und riesigen Ländereien. Der Große Kurfürst hat es 1664 gekauft und zu einem Gesamtkunstwerk umgestaltet, das als „Herrschaft Potsdam" bezeichnet wurde. Es besteht aus einem Ensemble von Häusern: dem Herrenhaus, Stallungen, dem Verwaltungsgebäude, einer Brauerei und Brennerei, sogar einer Kirche mit einem Friedhof. Im Dorf gibt es eine Schule. Friedrich Wilhelm IV. nannte das Krongut „mein italienisches Dörfchen". Das Kronprinzenpaar lebt gerne in Bornstedt, betätigt sich in der Gutsverwaltung, engagiert sich sozial und in der Schule. Bornstedt wird unter ihrer Leitung zu einem Mustergut entwickelt.

Das Kronprinzenpaar engagiert sich auch auf anderen sozialen und kulturellen Gebieten, kümmert sich in Bornstedt um die Familien, die Kranken und Kinder in der Schule. In Berlin begeben sie sich in die Armenviertel und Hinterhöfe, auch in die Wohnungen und sehen das Elend der Menschen, die in der Gründerzeit für wenig Lohn und ohne soziale Absicherung in den Fabriken arbeiten. Sie helfen punktuell, auch systematisch durch ein soziales Programm. Sie gründen einen „Verein für häusliche Gesundheitspflege“ und „Heimstätten für Genesende“, unterstützen die Bodelschwingschen Arbeiter und Handwerkerdkolonien. Andrerseits müssen sie zusehen, wie Bismarck das Sozialistengesetz durch den Reichstag bringt und damit die politische Vertretung der sozial Schwächsten vom Staat verfolgt wird. Für ihre Wohltätigkeit muss sich dann das Kronprinzenpaar auch noch des „Almosensozialismus“ schelten lassen. Arbeiterdemonstrationen finden statt und Arbeitsniederlegungen. Es wird zum Klassenkampf aufgerufen.

Attentate auf den Kaiser

Die sozialen Unruhen haben schwerwiegende Folgen. Kaiser Wilhelm hat es sich zur Gewohnheit gemacht, sich im offenen Wagen den Berlinern zu zeigen. Er hält das für seine monarchische Pflicht. Im Glauben an seine unbegrenzte Popularität, kann er sich gar nicht vorstellen, dass er auch Feinde haben könnte. Am 11. Mai 1878 fährt er mit seiner Tochter Luise, der Großherzogin von Baden, durch die belebte Allee „Unter den Linden“, als der Klempnergeselle Max Hödel zweimal auf ihn schießt. Die Kugeln verfehlen ihr Ziel, aber ganz Berlin ist tief erschüttert. Was sind das für Zeiten. Wann hat es das schon einmal gegeben, dass auf den Kaiser geschossen wird?

Nicht einmal einen Monat später, am 2. Juni 1878, kommt es zu einem zweiten Attentatsversuch, als der Kaiser wieder „Unter den Linden“ unterwegs ist. Diesmal schießt ein verbummelter Akademiker, Dr. Karl Eduard Nobiling, mit einem Schrotgewehr auf den Kaiser und trifft ihn dabei am Kopf und in den Armen. Schwer getroffen bricht Kaiser Wilhelm in seinem Wagen zusammen und wird rasch zum Schloss gebracht. Der Attentäter wird gefasst, setzt aber seinem Leben danach selber ein Ende.

Bismarck reagiert mit Hilfe der national gesinnten Parteien prompt und verabschiedet das Reichsgesetz „gegen die gemeingefährlichen Bestrebungen der Sozialdemokratie“. Damit erhält die Polizei die gesetzlichen Befugnisse, gegen Versammlungen und Vereine vorzugehen. Veröffentlichungen werden verboten, Funktionäre werden ausgewiesen. Dass die sozialen Probleme die eigentlichen Ursachen dieser Attentate sind, kann Bismarck nicht mehr ignorieren und so macht man sich daran, auch dagegen etwas zu unternehmen. Es entstehen die Sozialgesetze, die auch zum Ziel haben, den Einfluss der Sozialdemokraten zu mindern, ohne Erfolg. Vor dem Reichstag sagt Bismarck: „Wenn wir unter der Tyrannei einer Gesellschaft von Banditen existieren sollten, so verliert jede Existenz ihren Wert“.

Am 5. Juni 1878 tritt Friedrich Wilhelm die Stellvertretung für seinen schwer verletzten Vater an, allerdings nicht die Regentschaft. Als Bismarck die Urkunde überbringt, kommt es zu einem Eklat. Der Kronprinz fordert von Bismarck, er solle sich dafür einsetzen, dass er die Regentschaft übertragen bekommt, was Bismarck ablehnt. Als dieser sich anschickt, den Raum zu verlassen, wird er barsch vom Kronprinzen angerufen: „Halt! Ich verlange, dass Sie hierbleiben. Wenn nicht mehr, so bin ich jetzt zumindest der Stellvertreter meines Vaters und verlange von Ihnen, als dem Ministerpräsidenten, Rechenschaft über den Stand der Dinge im Staatsleben."

Bismarck wahrt die Form, an den Zuständigkeiten des Kronprinzen ändert das nichts. Der kranke Kaiser bleibt Regent, Bismarck führt die Staatsgeschäfte und der Kronprinz übernimmt formal die Stellvertretung, die aber ohne große Bedeutung ist. Das Verhältnis zu Bismarck ist einmal mehr belastet.

Zu den Pflichten des Kronprinzen gehört auch, jetzt wichtige Dokumente und Reichsgesetze zu unterzeichnen. Darunter befindet sich auch das Todesurteil gegen den Attentäter Hödel. Friedrich Wilhelm verabscheut die Todesstrafe, wie übrigens auch sein Vater. Und wie er, lässt er das furchtbare Dokument einfach in der Schreibtischschublade liegen.

Wegen des beendeten russisch türkischen Krieges, kommt es während der Vertretungszeit zu einem politischen Großereignis, dem Berliner Kongress. Alle Großmächte sind nach Berlin gekommen, um eine für alle tragbare politische Friedenslösung zu finden. Bismarck führt den Vorsitz und der Kronprinz ist für die Repräsentation zuständig, was ihm außerordentlich gut gefällt. Als sein Vater im Dezember 1878 wieder genesen die Regentschaft übernimmt, endet die kurze, bedeutsame Zeit für den Kronprinzen. Der Kaiser bedankt sich mit einem Dekret bei seinem Sohn, sorgt aber dafür, dass er erneut in der politischen Bedeutungslosigkeit verschwindet. Friedrich Wilhelm äußert einmal unter Freunden: „Während mein Vater einer der einflussreichsten Fürsten Europas ist, habe ich weniger Befugnisse, als ein Dorfschullehrer im hintersten Ostpreußen." Es folgen Jahre mit Jagdgesellschaften, Empfängen von Künstlern, Museums Schirmherrschaften und Reisen, vorzugsweise in den Süden Europas.

Die Bedeutungslosigkeit zermürbt den Kronprinzen. Er verliert die Hoffnung auf eine eigene Regentschaft. Seine mit ihm noch befreundeten Altersgenossen begeben sich zunehmend in den Ruhestand und sein Vater erfreut sich bester Gesundheit und Vitalität. Schließlich kümmert er sich um die Geschichte des Hauses der Hohenzollern und beginnt die Akten und alles Material über den Großen Kurfürsten in einem eigenen Archiv zusammen zu führen. Die Historiker werden ihm später dafür dankbar sein.

Die schicksalhafte Krankheit

So vergeht Jahr um Jahr. Friedrich Wilhelm ist 1878, anlässlich seiner für ihn so bedeutsamen Vertretung seines Vaters 47 Jahre alt, sein Vater bereits 81 Jahre und nicht erkennbar bereit, die Regentschaft abzugeben. Alles Politische regelt er zusammen mit Bismarck, oder - wie er einmal sagt - „unter Bismarck". Friedrich Wilhelm kann nur zusehen und vor allem aus den Zeitungen oder aus Berichten vom englischen Hof das Zeitgeschehen verfolgen.

Und es passiert noch sehr viel. England ist in einen zweiten Krieg in Afghanistan verwickelt, der sich jahrelang ohne Erfolg hinzieht. Bismarck führt wieder Schutzzölle ein, um heimische Erzeugnisse zu schützen und der Staatskasse höhere Einkünfte zu sichern. Man liegt dem Kronprinzen in den Ohren, auf eine Rücknahme einzuwirken. Die konservativen Parteien und das Zentrum bedrängen ihn, sich für die Wiedereinführung der Prügelstrafe einzusetzen. Insbesondere Victoria ist entsetzt. Kann man den Kaiser oder Bismarck dafür gewinnen?

In Polen herrscht eine deutschfeindliche Stimmung vor, die eine Vereinigung ganz Polens fordert. Polen hat durchaus Sympathien am englischen Hof, wo gegen die deutsche Politik polemisiert wird. Bismarck bekommt das alles sehr wohl mit und fühlt sich in seiner Haltung bestärkt, das Kronprinzenpaar politisch zu isolieren.

In London kommt es zu einem Bombenanschlag in einem Tunnel gegen die englische Eisenbahn. Viele Fahrgäste werden dabei verletzt. Der Hintergrund ist die Forderung nach einem freien Irland. Bismarck und Kaiser Wilhelm sehen das durchaus mit einer gewissen Schadenfreude. Ist die englische Politik doch nicht so vorbildlich?

In Neustettin, Hinterpommern, kommt es zu Ausschreitungen gegen die kleine jüdische Gemeinde. Antisemitismus ist stark verbreitet. Nach Rücksprache mit Bismarck, zuckt der nur mit der Schulter. Die preußische Autorität kann nicht überall sein. Zusammenleben müssen die Menschen schon alleine.

1885 kommt es vor Kamerun zu einem Gefecht, an dem die deutschen Schiffe „Olga“ und „Bismarck“ beteiligt sind. Es gibt einige Tote und Verletzte. Der Kronprinz hält eine Weltmachtpolitik für wichtig, Bismarck betreibt sie nur, weil starke Kräfte im Reichstag sie fordern, allerdings ohne jede Begeisterung.

Im Januar 1887 ist der Vater schon fast 90 Jahre alt und beginnt deutlich, Altersschwäche zu zeigen. Für ihn, den ewigen Soldaten, ist es undenkbar, dass ein Kaiser und König von Preußen beim Kaisermanöver nicht mehr auf ein Pferd steigen kann. Einen verdeckten Hügel in seinem Park, den man ihm gebaut hat, um ihm zu erleichtern, von dort auf ein Pferd zu steigen, lehnt er ab. Schließlich muss er ja auch wieder absitzen. Es scheint, dass der Thronwechsel sich abzeichnet. Friedrich Wilhelm schöpft jetzt im Alter von 56 Jahren neue Hoffnung. Da schlägt das Schicksal zu.

Generalarzt Dr. August Wegner, der Leibarzt des Kronprinzen, stellt im Januar 1887 beim Kronprinzen eine Heiserkeit fest und schaltet vorsichtshalber den Berliner Kehlkopfspezialisten Professor Gerhard ein. Man vermutet zunächst eine verschleppte Erkältung und behandelt diese konventionell. Nachdem die Symptome bleiben, ja sich sogar verstärken, nimmt Professor Gerhard im März 1887 eine Spiegel-technische Untersuchung vor und stellt am linken Stimmband ein längliches, blass-rötliches Knötchen fest, bei geringer Rötung der Stimmlippen. Er versucht, die von ihm als gutartig eingeschätzte Veränderung mittels galvanokaustischer Behandlung abzutragen. Dabei wird der Knoten mittels eines glühenden Platindrahtes ausgebrannt. Dieser Eingriff wiederholt sich einige Tage lang. Eine höllische Tortur. Man rät dem Kronprinzen, zunächst das starke Pfeife rauchen einzustellen und rät zu einer Luftveränderung in Bad Ems.

Nach der Rückkehr aus der Kur, stellt Professor Gerhard fest, dass die Geschwulst wieder gewachsen ist. Er zieht den Berliner Chirurgen, Professor Ernst von Bergmann hinzu, der bei einer Spiegelung die Diagnose Krebs stellt. Bergmann rät zu einer raschen Operation, mit halbseitiger Kehlkopföffnung. Die Operation ist lebensgefährlich, kann in jedem Fall zum Verlust der Sprache führen. Der Termin wird auf den 21. Mai 1887 festgesetzt. Im Kronprinzenpalais wird alles zur Operation vorbereitet.

Bismarck interveniert und Kaiser Wilhelm untersagt diesen gefährlichen Eingriff. Victoria hat ihrer Mutter, der englischen Königin, Bericht erstattet. Diese bietet an, einen in London praktizierenden Spezialisten, Dr. Morell Mackenzie, nach Berlin zu schicken. Mackenzie macht sich umgehend auf die Reise und trifft am Vorabend des geplanten Operationstermins in Berlin ein. Die deutschen Ärzte berichten ihm über den Stand der Krankheit und Mackenzie nimmt eine Spiegelung vor. Er bestätigt die Diagnose der deutschen Ärzte nicht und empfiehlt eine histologische Untersuchung. Warum haben die deutschen Ärzte das bisher unterlassen?

Mackenzie soll eine Gewebeprobe nehmen, hat aber seinen Behandlungskoffer gar nicht dabei. In Berlin besorgt er sich eine geeignete Zange, die noch etwas zurecht gebogen wird. Im Beisein der deutschen Ärzte entnimmt er unter vorstellbar schwierigen Umständen eine Gewebeprobe, die zur Begutachtung an Professor Virchow an die Berliner Charité mit der Bitte um Begutachtung geschickt wird. Virchow beurteilt die Probe als eine gutartige, warzige Veränderung am Stimmband, stellt aber sein Gutachten unter einen Vorbehalt. Er führt aus, dass eine eindeutige Diagnose aus dem wenigen gewonnenen Zellmaterial unsicher ist.

Die Probenentnahme wird wiederholt. Virchow kommt zu dem

gleichen Ergebnis: nicht bösartig, aber erneut unter Vorbehalt. Ist es nicht die Pflicht der Ärzte, im Sinne des Patienten, immer den ungünstigsten Fall auszuschließen? Insbesondere die Frage, ob die Proben tatsächlich vom erkrankten Gewebe genommen wurden, bleibt unter den Ärzten zweifelhaft, immerhin konnte Dr. Mackenzie die Entnahmestelle kaum einsehen. Dr. Bergmann wird später bestätigen, dass er bei einer Spiegelung nach Probenentnahme festgestellt hat, dass an einer oberen, gesunden Stelle des linken Stimmbandes, ein Substanzverlust zu sehen war. Ja, es wurde sogar behauptet, es sei sogar das gesunde Stimmband bei einer Biopsie beschädigt worden, was ein weiterer Arzt, Dr. Tobold, bestätigt.

Mackenzie bestreitet alles, sieht sich dagegen in seiner Diagnose bestätigt und verbreitet auch vor der Presse Optimismus, was vor allem die Kronprinzessin mit Erleichterung hört. Merkwürdigerweise stimmen die deutschen Ärzte noch einem Vorschlag Mackenzies zu, die Geschwulst mit einer Zange abzutragen, genau genommen abzuquetschen, und erneut eine Probe zu nehmen. Alle Beteiligten stimmen auch diesem Vorschlag zu, der aus chirurgischer Sicht Prof. Bergmanns nicht nur zweifelhaft, sondern sogar dilettantisch zu nennen ist. Für die Entscheidungen der Familie – die all die widersprüchlichen Äußerungen der Ärzte nicht beurteilen kann - gibt es einen nachvollziehbaren Grund. Friedrich Wilhelm soll schließlich noch Kaiser werden. Der Wettlauf mit dem Tod des Vaters, Kaiser Wilhelm, beginnt.

Die Ärzte trennen sich im Streit. Dr. Mackenzie wird vom Preußischen Hof die ausschließliche Behandlungsleitung übertragen. Er schlägt vor, die weitere konventionelle Behandlung in England durchzuführen. Prof. Gerhard kann noch durchsetzen, dass sein Assistent, Dr. Wilhelm Landgraf, den Kronprinzen begleitet, Untersuchungsrechte erhält und regelmäßig berichten soll. So geschieht es. Heute wissen wir, dass diese Fehlentscheidung das Todesurteil für den Kronprinzen bedeutete, zumal die Berichte Dr. Landgrafs eine stetige Verschlechterung der Situation bestätigen. Schon zu diesem Zeitpunkt überlagern politische Interessen des Hofs, der Regierung und persönliche Interessen der Kronprinzessin das Wohl des erkrankten Kronprinzen. Hinzu kommen ärztliche Befindlichkeiten: Überheblichkeit, Neid, Besserwisserei, Gewinnsucht – Mackenzie erschließt sich durch die Behandlung beträchtliche Einnahmen - und Streben nach Popularitätszuwachs. Mackenzie wird trotz seiner Behandlungsfehler, die noch nicht erkannt sind, während der Behandlung des Kronprinzen in England in den Adelsstand erhoben.

Das Schicksal nimmt seinen Lauf. Am 13. Juni 1887 reist das Kronprinzenpaar mit den drei jüngsten Töchtern nach England. Friedrich Wilhelm soll am 50- jährigen Thronjubiläum der Schwiegermutter, Königin Victoria, teilnehmen. Seinen Vater wird er nie mehr wiedersehen.

Zur Reisebegleitung gehören auch die Ärzte Generalarzt Dr. Wegner und Dr. Landgraf. Dr. Mackenzie sieht die Anwesenheit der deutschen Ärzte skeptisch. Landgraf, spricht er sogar jede Qualifikation ab. Man bezieht ein angemessenes Quartier außerhalb Londons, in Upper Northwood.

Am 21. Juni, dem Tag des Thronjubiläums, nimmt Kronprinz Friedrich Wilhelm hoch zu Ross in Kürassieruniform an den Feierlichkeiten teil. Die immer euphorische Presse sieht in ihm eine dynastische Erscheinung, wie aus Lohengrin, die Bevölkerung jubelt ihm zu. Dem Kronprinzen dürfte das alles sehr gut bekommen, was aber an dem Krankheitsverlauf bedauerlicherweise nichts ändert. Der Ärztestreit geht weiter.

Dr. Mackenzie behandelt Friedrich Wilhelm mit Einblasungen von Pulvermischungen in den Kehlkopf, Einpinselungen und weiterhin erfolglosen Anwendungen des glühenden Drahtes, um die Geschwulst abzutragen. Dr. Landgraf beobachtet alles und führt weitere – von Mackenzie nicht mit Begeisterung gesehene - Untersuchungen durch, deren Diagnosen aber zunehmend weniger mit denen von Mackenzie übereinstimmen. Während Mackenzie Fortschritte in seiner konventionellen Behandlung sieht, stellt Landgraf eine stetige Zunahme der Geschwulst fest, die jetzt auch noch auf den Kehlkopfhintergrund übergegriffen hat. Bei einer späteren Untersuchung, die Landgraf in Zeichnungen festhält, stellt er sogar ein Übergreifen auf das rechte Stimmband fest. Er rät dringend, noch einmal über eine Operation von außen zu entscheiden. Schließlich beschwert sich Mackenzie in einem Brandbrief über die ständig abweichenden Diagnosen von Landgraf.

So vergeht die Zeit in London und auf der Insel Wight und der Zustand des Kronprinzen verschlechtert sich stetig. Die Berichte Landgrafs werden in Berlin aufmerksam gelesen, von den deutschen Ärzten beraten und dem Hof regelmäßig Vortrag gehalten. Kaiser Wilhelm ist unsicher, was den Zustand seines Sohnes und Thronfolgers angeht. Zum Oberhof- und Domprediger Rudolf Kögel sagt Wilhelm, mit Tränen in den Augen: „Im Himmel wird mir bald das Rätsel gelöst werden, warum diese Fügung über uns verhängt ward."

Bismarck hadert weniger über Fügungen, sondern denkt sehr praktisch. Zum Kaiser sagt er: „Man muss den Enkel Wilhelm schnellstens in die Staatsgeschäfte einführen." Wilhelm befindet sich im Konflikt: „Im Prinzip bin ich einverstanden. Aber wie wird das auf den schwerkranken Kronprinzen wirken?" Bismarck geht praktisch vor. Einführen ist erforderlich, aber möglichst unauffällig.

In England gewinnen die Ereignisse langsam an Dramatik. Mackenzie versucht häufiger mittels der galvanokaustischen Methode den immer wieder nachwachsenden Tumor abzutragen. Dr. Wegner und Dr. Landgraf sehen die Aussichtslosigkeit der Lage, können aber nicht verhindern, dass Mackenzie weiterhin optimistische Gutachten in die Presse streut. So stimmen sie auch einer Reise nach Schottland zu, wo der Kronprinz noch einmal von Balmoral aus jagen und wandern kann. Mackenzie rät dem Kronprinzen, seinen Aufenthalt in südlichen Ländern zu nehmen, deren Klima ihm besser bekomme. In Bulletins stellt er dar, der Kronprinz befinde sich im Heilungsprozess, der aber noch nicht ganz abgeschlossen sei. Auch rät er, nicht über Berlin zu reisen, um die Anstrengungen eines solchen Aufenthalts, zumal im Ansehen seines ebenfalls kranken Vaters, zu vermeiden. Der Einfluss deutscher Ärzte in Berlin soll ganz sicher auch vermieden werden.

Am 3. September 1887 reist der Kronprinz über Frankfurt am Main und München nach Toblach in Tirol. Dr. Landgraf ist als ärztlicher Begleiter von Oberstabsarzt Dr. Schrader abgelöst worden. Mackenzie reist schon am 20. September nach Toblach, um eine von Schrader festgestellte Zunahme der

Schwellung zu begutachten. Man entscheidet, weiter nach Süden zu reisen. Am 25. September 1887 reist der Kronprinz weiter über Trient nach Venedig. Die Kronprinzessin lässt sich etwas mehr Zeit. Sie folgt später in Begleitung von Seckendorff und der Gräfin Wanda Preponcher. Seckendorff ist jetzt ständiger Begleiter und in der Delegation munkelt man, er habe die Rolle des Trösters übernommen. Auch Mackenzie macht die Reise mit. In Trient pustet er wieder Pulver in den Kehlkopf.

Im Oktober geht es weiter über Mailand und Braveno am Lago Maggiore nach San Remo, wo ab dem 5. November 1887 eine herrschaftliche Villa angemietet wird. In Berlin kann man rechnen und Bismarck grübelt über die Ausgaben nach, die das Kronprinzenpaar verursacht, vor allem aber über die exorbitanten Honorare und Reisekosten Sir Morell Mackenzies. Dem Kämmerer gegenüber äußert er einmal ironisch: „Der Weg ist wohl das Ziel.“

Dann folgt die Wende. Am 6. November gesteht Mackenzie zur Überraschung aller ein, dass es sich wohl doch um einen Kehlkopfkrebs handelt, was die deutschen Ärzte schon im Mai festgestellt haben. Natürlich ist das Eingeständnis verbunden mit umfassenden Rechtfertigungsversuchen und Berufung auf die Fehldiagnosen Professor Virchows. Über ein halbes Jahr wurde mit sinnlosen Behandlungsversuchen vertan. Jetzt ist nur noch eine Totaloperation durch Entfernen des gesamten Kehlkopfes möglich. Der Kronprinz wird, wenn er das überleben sollte – man mutmaßt weniger als 10 Prozent Überlebenswahrscheinlichkeit - vollkommen verstümmelt sein. Kaiser kann er so nicht werden. Es beginnt das letzte Kapitel des unwürdigen Spiels. Der Wettlauf mit dem Tod des

Vaters geht in das Finale.

Weitere Spezialisten werden hinzugezogen. Prof. Dr. Schrötter aus Wien und Dr. Krause aus Berlin. Als hätte die Vielzahl der Ärzte irgend eine Auswirkung auf den Verlauf der Krankheit. Und der Patient? Friedrich Wilhelm geht es sehr schlecht. Er kann kaum noch sprechen, schlucken oder atmen. Die Notwendigkeit einer Tracheotomie, das heißt eines Luftröhrenschnitts, als lebensrettende Maßnahme wird in Erwägung gezogen. Prinz Wilhelm taucht völlig unangekündigt in San Remo auf. Er reist im Auftrag des Kaisers und soll sich ein Bild machen. Böse Zunge verbreiten, er will sich überzeugen, dass der Vater wirklich sterben wird.

Nach Rückkehr des Prinzen macht sich in Berlin der Chirurg Dr. Bramann reisefertig, um im Falle eines notfalls jederzeit erforderlichen Luftröhrenschnitts, anwesend zu sein. Die Kronprinzessin telegrafiert nach Berlin, dass die Anwesenheit Dr. Bramanns ihrer Ansicht nach noch nicht erforderlich sei. Dem Kaiser platzt der Kragen. Er befiehlt, dass Dr. Bramann sofort abzureisen habe. Am 9. Februar 1888 nimmt er den Luftröhrenschnitt mit Einführung einer Kanüle in San Remo vor. Der Kronprinz kann danach erst einmal wieder atmen.

In Berlin tritt Kaiser Wilhelm am 22. Februar 1888 mit seinem Enkel und vier Urenkeln zum letzten Mal an das Fenster und zeigt sich freundlich winkend dem jubelnden Volk. Dann legt er sich in das Sterbebett und am 7. März wird die Bevölkerung in einem ausführlichen Bulletin über den Zustand des sterbenden Kaisers informiert. Am 9. März 1888 stirbt Kaiser Wilhelm I. mit fast einundneunzig Jahren. Extrablätter verbreiten die Nachricht in ganz Deutschland. Es wird auch mitgeteilt, dass der kranke Kronprinz auf dem Weg nach Berlin sei, wo er am 11. März 1888 eintrifft.

99 Tage Kaiser

Schon vor der Rückkehr Friedrich Wilhelms, verkündet Bismarck am 9.März 1888 vor dem Reichstag den Tod Kaiser Wilhelms I. Er führt aus: „In Folge dieses Ereignisses ist die preußische Krone und damit nach Artikel 11 der Reichsverfassung, die deutsche Kaiserkrone auf Seine Majestät Friedrich III., König von Preußen übergegangen." Zu diesem Zeitpunkt weiß er schon, dass der neue Kaiser ihn gebeten hat, die Amtsgeschäfte als Reichskanzler weiterzuführen.

Um sich weitgehend der Öffentlichkeit zu entziehen, der er den Anblick eines Kaisers mit Luftröhrenkanüle ersparen möchte, nimmt Friedrich III. Quartier auf Schloss Charlottenburg. Er kann nicht, wie auch seine Mutter Augusta und Bismarck, an den Begräbnisfeierlichkeiten seines toten Vaters teilnehmen. Nur durch das Mittelfenster des Kuppelsaals im Schloss Charlottenburg kann er den vorbeiziehenden Trauerzug verfolgen. Der aber hat es in sich. Acht Stabsoffiziere führen die Pferde des Leichenwagens, vier kommandierende Generäle halten die Zipfel des Leichentuchs, zwölf Generalmajore tragen den Baldachin. Glockengeläut in ganz Berlin, gesenkte Fahnen, und Militärmusik in Moll begleiten den Trauerzug. Nur der Enkel, Wilhelm, begleitet seinen Opa hinter dem Sarg, einen langen Trauerflor am Helm. Das Pferd Wilhelms, Alexander, wird von einem Stallknecht geführt. In- und ausländische Fürstlichkeiten, Gardekorps, Kriegervereine, Studenten, Künstler, Schützen und Feuerwehren begleiten den toten Kaiser zu seiner letzten Ruhestätte im Mausoleum von

Charlottenburg. Kanonendonner verabschiedet ihn schließlich. Gut drei Monate später wird sich das alles wiederholen.

Bis dahin versucht Friedrich III. seine so lange ersehnte Regentschaft auszuüben. Er weiß schließlich nicht, wann es mit ihm zu Ende gehen wird. Der Kehlkopfkrebs zerstört aber unerbittlich das Leben des armen Friedrich Wilhelm, der kaum noch atmen kann, häufige Kanülenwechsel ertragen muss und auch Speisen kaum mehr zu sich nehmen kann. Victoria ist an seiner Seite und verbreitet Optimismus.

Bismarck nimmt auf den Zustand des neuen Kaisers Rücksicht und erledigt die Staatsgeschäfte weitgehend selber. Bevor er zur Audienz vorgelassen wird, spricht er mit Victoria, der Kaiserin, die als Dolmetscherin fungiert und mit Friedrich Wilhelm leise spricht, der nur mit handgeschriebenen Zetteln antworten kann. Auch wenn es kaum zu glauben ist, so hat Mackenzie immer noch das Vertrauen des Kaiserpaares. Jetzt nennt er sich „kaiserlicher Leibarzt". Friedrich Wilhelm schreibt ihm auf einem Zettel: „Ich danke Ihnen, dass Sie mein Leben so weit verlängert haben, dass ich imstande bin, den heroischen Mut meiner Gattin zu belohnen." Was für eine Aussage. Friedrich Wilhelm muss schon lange klar gewesen sein, dass er ein todkranker Mann ist und dass es nur noch darum ging, seine Gattin zur Kaiserin zu machen.

Aber es geht Friedrich nicht nur um seine Gattin. Er möchte auch regieren. Handschriftlich überreicht er Bismarck sein Regierungsprogramm und legt einige Grundsätze fest, die ihm wichtig sind. Dazu gehören: die Pflege der öffentlichen Wohlfahrt, die ungeschwächte Erhaltung der Wehrkraft, die Duldung der Religion, das wirtschaftliche Gedeihen bei

Milderung möglicher Missstände, Pflege von Erziehung und Bildung der Jugend, Durchsetzung von Verwaltungsreformen zur Verminderung der Zahl der Bediensteten und die Förderung von Kunst und Wissenschaften. Friedrich lässt keinen Zweifel daran, dass er auf die monarchischen Rechte besonders achten wird und keine parlamentarische Kontrolle des Kaisers zulassen werde. Abschließend formuliert er fast schon sein Vermächtnis: „Unbekümmert um den Glanz Ruhm bringender Großtaten, werde ich zufrieden sein, wenn dereinst von meiner Regierung gesagt werden kann, sie sei meinem Volke wohltätig, meinem Lande nützlich und dem Reiche zum Segen geworden." Diese Regierungserklärung, aber auch die Einschätzung seiner politischen Ziele aufgrund von Äußerungen noch als Kronprinz, werden später Grundlage beim Kampf um die Deutungshoheit seiner viel zu kurzen Regentschaft werden.

Bismarck – ganz Pragmatiker – erkundigt sich ohne Umschweife bei Professor Bergmann, wie lange der Kaiser noch zu leben habe. Bergmann soll gesagt haben, der Kaiser werde den Sommer nicht überleben. Bismarck wird das in der Behandlung seines Monarchen sicher berücksichtigt haben. Er ist kein gefühlloser Politiker, sondern auch durch und durch ein Mensch, den das Schicksal des Kaisers sichtbar anrührt. Selbst Victoria – ganz sicher keine begeisterte Anhängerin Bismarcks - wird über ihn später sagen, dass er sich sehr gefühlvoll und mit ausnehmender Rücksicht um den Kaiser bemüht habe.

Ungeachtet dessen wird weiter Politik gemacht. Kaiser Friedrich möchte mehr Freiherren, Grafen und Fürsten schaffen, für Liberale Politiker unfassbar. Als diese Bismarck darauf ansprechen, erläutert der sarkastisch: „um den Hass zwischen Adel und Bürgertum abzustellen, möge Seine Majestät das ganze Volk adeln.“ Die Kaiserin erhält für ihre Tapferkeit den Schwarzen Adlerorden. Auch andere werden ausgezeichnet und erhoben, mancher geht allerdings auch leer aus und ist auf den neuen Regenten dann nicht so gut zu sprechen. Viel mehr bleibt dem Kaiser nicht zu tun. Von Bismarck angestrebte Gesetze zur Verlängerung der Legislaturperiode des Reichstages und der Sozialistengesetze kann er nicht mehr unterzeichnen.

Noch einmal nimmt Friedrich eine vom Kronprinzen Wilhelm geleitete Truppenparade unter Ausschluss der Öffentlichkeit im Charlottenburger Park vom Wagen aus ab, lässt sich noch einmal im Wagen nach Grunewald fahren und fährt auch noch einmal durch Berlin. Dann zieht er sich in das Neue Palais nach Potsdam zurück. Hier beginnt der Todeskampf, Victoria und die Ärzte immer an seiner Seite. Presseveröffentlichungen zeichnen noch ein möglichst beruhigendes Bild vom Zustand des Kaisers, können aber auf Dauer die grausame Wahrheit nicht verschleiern.

Das qualvolle Ende Friedrichs soll in seinen Einzelheiten nicht mehr dargestellt werden. Man kann es in ärztlichen Berichten und in nach seinem Tod vom Hof veranlassten Untersuchungen nachlesen. Friedrich ist auch im Sterben ein äußerst tapferer und fürsorglicher Ehemann. Er möchte seiner geliebten Victoria so wenig Kummer, wie möglich machen. Seinen Ärzten ist er dankbar für alles, was sie für ihn tun. Am 15. Juni 1888 um 11.15 Uhr schließt er in seinem Geburtshaus, im Neuen Palais - Schloss Friedrichskron, wie es jetzt heißt – für immer die Augen. Für ihn und alle Beteiligten ist das eine erlösende Befreiung. Sonderausgaben der Zeitungen verbreiten auch diese Nachricht in ganz Deutschland. Sein Sohn, Kaiser Wilhelm II., steht als Nachfolger schon bereit.

Dieser ordnet eine militärische Beisetzung seines Vaters an, gar nicht nach dem Geschmack seiner Mutter, die auch nicht teilnimmt. Mit großem Zeremoniell und begleitendem Kanonendonner wird Friedrich in der Potsdamer Friedenskirche beigesetzt. Victoria hört von Bornstedt aus den Lärm um die Beisetzung und begibt sich später noch einmal in die Friedenskirche. Sie muss sofort aus Friedrichskron ausziehen, das jetzt wieder Neues Palais heißt. Alles wird versiegelt, nichts darf sie mitnehmen. Kaiserin Friedrich, wie sie sich jetzt nennt, wird von ihrem Sohn verstoßen. Sie führt danach aber ein durchaus angemessenes Leben abseits des Hofes, in Kronberg im Taunus – Schloss Friedrichshof - und beginnt sofort mit den Planungen für ein Mausoleum zu Ehren Friedrichs, das später auch ihre Ruhestätte sein soll.

Die Gartenlaube veröffentlicht auf der Titelseite ein ergreifendes Gedicht auf Kaiser Friedrich, der schon am Tage nach seinem Tod zur Legende verklärt wird. „Wirkliche Liebe hat ihn schon als Kronprinz im Volk begleitet und unendliche Hoffnungen waren mit seiner Regentschaft verbunden. Schmerz und Trauer sind daher bei diesem viel zu schnellen Ende eines Monarchen wie bei einem nahen und geliebten Angehörigen tief empfunden. Das Volk fühlt sich einsam und verlassen und blickt unsicher in die Zukunft.“ Der Kampf um die Deutung seines Erbes beginnt.

Der Kampf um das Andenken

Unmittelbar nach Friedrichs Tod beginnt die Legendenbildung, die sich in Abständen, im Lichte der jeweiligen Ereignisse, bis heute wiederholt hat. In Preußen unter Wilhelm II., geht es vor allem um die Thesen, unter Friedrich wäre Preußen liberaler und sozialer geworden, ganz nach englischem Vorbild. Historiker im 20. Jahrhundert folgern weiter, unter Friedrich III. hätte es keinen Ersten Weltkrieg gegeben, da er niemals gegen England Krieg geführt hätte. Folgerichtig kommen Historiker der heutigen Zeit zu den Schlüssen, dass es ohne den Ersten Weltkrieg auch keine Weimarer Republik, keinen Zweiten Weltkrieg, keine Nazizeit und somit auch keine Teilung Deutschlands gegeben hätte. Deutschland könnte heute, wie England noch eine konstitutionelle Monarchie sein.

Man kann solche Folgerungen nachvollziehen und sie sind durchaus nicht abwegig, aber so funktioniert Geschichte nun einmal nicht. Ganz sicher haben Zufälle und unvorhersehbare Änderungen schwerwiegende Konsequenzen im weiteren Verlauf der Geschichte und man kann sich einen anderen Verlauf durchaus vorstellen. Es hilft aber nichts, Geschichte ist immer Vergangenheit und dementsprechend zu bewerten.

Der viel zu frühe Tod Friedrichs III. ist ganz sicher ein historisch besonderes Ereignis und die Geschichte nimmt unter seinem Sohn Wilhelm II. den Verlauf, wie wir ihn heute kennen. Was ist also dran, an den Legenden und am behaupteten Bild des 99-Tage-Kaisers? Nach dem Thronwechsel zu Friedrich III. gab es prinzipiell zwei Möglichkeiten: die Weiterführung der Politik Wilhelms I. und Bismarcks, einen Krieg in jedem Fall zu vermeiden und

Preußen unter einem starken Monarchen ohne die Ausweitung parlamentarischer Rechte hierarchisch weiter zu regieren, oder zumindest, was die Form der Monarchie betrifft, zu einer konstitutionellen Monarchie nach englischem Vorbild zu kommen. Was diese Frage betrifft, so hatte sich Friedrich gegenüber Bismarck schon frühzeitig, nämlich 1885, festgelegt. Danach hatte er den Bedingungen Bismarcks bereits zugestimmt, dass dieser nur dann die Regierung weiter führen würde, wenn alles so bliebe, wie bei seinem Vater: Keine Parlamentsregierung und kein Einfluss seitens England. Nach dem Thronwechsel hat Friedrich sich genau daran gehalten.

Es bleibt noch die Betrachtung, wie die Politik längerfristig unter ihm verlaufen wäre. Dazu ist die Einschätzung seiner Anhänger bedeutsam, Friedrich sei ein durch und durch Liberaler gewesen und unter ihm hätte Preußen sich radikal verändert. Für diese Annahme spricht allerdings nicht sehr viel, denn Friedrich Wilhelm wurde schon als Kronprinz unterschiedlich eingeschätzt. So liberal, wie man ihn sehen wollte, war er gar nicht. Er hat sich gegenüber Vertrauten und gegenüber Bismarck sehr eindeutig als stolzer Hohenzoller gezeigt und das Gottesgnadentum des Kaisers als konstitutionell gesehen. Seine Vorstellungen gingen so weit, sich sogar als Nachfolger der Stauferkaiser in der Neuerrichtung des Heiligen Römischen Reichs Deutscher Nation zu sehen, was selbst Bismarck zu weit ging. Die Absicht, sich nach Übernahme des Throns Friedrich IV. zu nennen, hat Bismarck ihm ausreden müssen. Für Bismarck kam nur eine Nachfolge in der preußischen Tradition infrage und damit die Bezeichnung Friedrich III. , was ja auch schon sehr viel bedeutete. Der Großvater Friedrichs, Friedrich Wilhelm III., hatte nicht den Mut, diesen Namen anzunehmen, da er davon überzeugt war, niemals an die Leistungen Friedrichs des Großen anknüpfen zu können.

Man kann vielleicht annehmen, dass eine Regentschaft eines gesunden Friedrichs III. zu einer Fortsetzung der Regierungszeit Bismarcks über 1890 hinaus bedeutet hätte. Preußen wäre etwas liberaler und auch sozialer geworden. Einen Weltkrieg hätten beide nicht riskiert, in einer Zeit nach Bismarck wären vielleicht die Parlamentarischen Rechte nach englischem Vorbild noch gestärkt worden und Deutschland könnte heute noch eine konstitutionelle Monarchie sein. Der Rest der Geschichte ist reine Spekulation.

Es soll nicht verschwiegen werden, dass es auch hässliche und gehässige Beurteilungen der Persönlichkeit Friedrichs III. gab, die sich aber in ihrer übertriebenen Form selbst qualifizieren. Solche Neider gibt es immer. Seriös und der Wahrheit entsprechend ist es, wenn man Friedrich Wilhelm, wie er jetzt noch einmal genannt werden soll, als einen äußerst gebildeten und in allen preußischen Staatsgeschäften gut vorbereiteten Thronfolger einschätzt. Beides – seine wissenschaftliche Bildung und seine militärische Ausbildung – hoben ihn aus der Reihe der preußischen Monarchen heraus. Er war im besten Sinne des Wortes ein Intellektueller und ein Kenner und Förderer der Kunst. Die Verfassung war ihm wichtig, auch die Rechtstreue des Monarchen und der Regierung. Kann man mehr und Besseres über einen Menschen sagen?

Bleibt zum Schluss noch ein Bedauern über das Schicksal dieser eindrucksvollen Persönlichkeit und die Feststellung, dass unter seiner Zeit als Monarch die Geschichte ganz sicher einen anderen Verlauf genommen hätte und das ist ganz sicher keine Spekulation.

- Ende -

Vom gleichen Autor im gleichen Verlag erschienen:

Weites Land und raues Leben
Das abenteuerliche Leben der Pioniere in Texas
ISBN: 978-3-7407-1700-1

Unter dem Adler
Preußen im 18. Jahrhundert
ISBN: 978-3-7407-1674-5

Weimarer Reminiszenzen
Klassiker und Romantiker im Irrgarten der Beziehungen
ISBN: 978-3-7407-1681-3

Wiener Kongress
Triumph der Reaktion
ISBN: 978-7407-2977-6

Martin Luther
für Gewissensfreiheit gegen Kaiser und Papst
ISBN: 9 783740 744854